A. M. Celâl Şengör 24 Mart 1955'te İstanbul'da doğdu. 1973 yılında Robert Academy'yi bitirdi, 1978'de State University of New York at Albany'den jeolog olarak mezun oldu. 1979'da master, 1982'de de aynı üniversiteden doktora aldı. 1981'de İTÜ Maden Fakültesi, Genel Jeoloji kürsüsüne asistan oldu. 1984 yılında Londra Jeoloji Cemiyeti'nin "Başkanlık Ödülü"nü, 1986'da TÜBİTAK'ın Bilim Ödülü'nü aldı. Aynı yıl İTÜ Maden Fakültesi Genel Jeoloji Anabilim Dalı'nda doçent oldu. 1988'de Neuchâtel Üniversitesi Fen Fakültesi'nden şeref bilim doktoru (Docteur es Sciences honoris causa) pâyesi aldı. 1990 yılında Academia Europaea'ya ilk Türk üye olarak seçildi, aynı yıl Avusturya Jeoloji Servisi muhabir üyesi, 1991 yılında Avusturya Jeoloji Derneği şeref üyesi oldu. 1991 yılında Kültür Bakanlığı'nın Bilgi Çağı Ödülü'nü kazandı. 1992 yılında İTÜ Maden Fakültesi Genel Jeoloji Anabilim Dalı'nda profesörlüğe yükseltildi. 1993 yılında Türkiye Bilimler Akademisi kurucu üyesi oldu, Akademi konseyine seçildi, aynı yıl TÜBİTAK Bilim Kurulu üyeliğine seçildi. 1994 yılında Rusya Doğa Bilimleri Akademisi üyeliğine, Fransız ve Amerikan jeoloji dernekleri şeref üyeliğine seçildi, ayrıca kendisine Fransız Fizik Cemiyeti ve École Normale Supérieure Vakfı tarafından Rammal Madalyası verildi. Şengör 1997 yılında Fransız Bilimler Akademisi tarafından yerbilimleri dalında büyük ödül (Lutaud Ödülü) ile taltif edildi. 1998 senesi Mayıs ayı içerisinde Şengör, Collège de France'da misafir profesör olarak bir kürsü işgal etti, burada "XIX. Yüzyıl'da tektoniğin gelişmesine Fransız jeologlarının katkısı" konulu bir ders verdi ve 28 Mayıs 1998'de Collège de France'ın madalyasını aldı. 1999'da Londra Jeoloji Cemiyeti kendisine Bigsby Madalyası'nı tevcih etti. 2000 yılının Nisan ayında Amerika Birleşik Devletleri Ulusal Bilimler Akademisi yabancı üyeliğine seçilen ilk Türk oldu. 2004'te American Philosophical Society üyeliğine, 2006'da da Rusya Federasyonu Bilimler Akademisine, 2012 yılında da Leopoldina Alman Ulusal bilimler Akademisine yabancı üye olarak seçildi. 2015 Nisan ayında Avusturya Bilimler Akademisi muhabir üyeliğine seçildi. 2010 yılında Geologische Vereinigung kendisine Gustav-Steinmann madalyasını tevcih etti. Şengör birkaçı hariç tamamı yurt dışından olan 33 bilimsel ödül almıştır. Şengör, Collège de France dışında İngiltere'de Oxford (Royal Society Araştırıcı bursuyla), ABD'de Califomia Institute of Technology (Moore Distinguished Scholar olarak) ve Avusturya'da Salzburg Lodron-Paris Üniversitesi'nde misafir profesörlük yapmıştır.

Şengör jeolojide bilhassa yapısal jeoloji ve tektonik dallarındaki çalışmaları ile ün yapmıştır. Bu konuda 17 kitap, 243 bilimsel makale, 198 tebliğ özeti ve pek çok popüler bilim makalesi, tarih ve felsefe ile ilgili de dört kitap ve 300'ü geçen deneme yazısı yayınlanmıştır. Bunların 1997 - 1998 yılları arasında Cumhuriyet Bilim Teknik dergisindeki "Zümrütten Akisler" köşesinde çıkmış olanları Yapı Kredi Yayınları tarafından 1999'da *Zümrütnâme*, 1999 yılı içinde çıkanlar da *Zümrüt Ayna* başlıkları altında kitaplaştırılmıştır. Bu iki kitap 2014 yılında KA Kitap tarafından birer söyleşi eklemesiyle tekrar basılmıştır. Şengör'ün jeoloji dışındaki popüler ve popüler olmayan bilimsel yayınlarının (kitap ve makale) sayısı 27'dir. Şengör ayrıca pek çok uluslararası dergide editör, yardıma editör ve yayın kurulu üyeliği yapmıştır ve yapmaktadır. Şengör'ün yine *Cumhuriyet Bilim Teknik* dergisinde ve bazı başka yayın organlarında yayımlanan diğer makalelerinden bir seçme de yine KA Kitap tarafından 2015 yılında *Aptalı Tanımak* adı altında yayımlanmıştır.

Şengör 1986 yılında Oya Maltepe ile evlenmiştir. Tek çocuğu olan oğlu H. C. Asım Şengör 1989 yılında dünyaya gelmiştir.

ka kitap

Newton Neden Türk Değildi?

A. M. Celâl Şengör

Ka Bilim

ISBN 978-605-83915-0-5

Sertifika No: 30862

I. Baskı, Ka Kitap, Kasım 2015

Genel Yayın Yönetmeni: Emrah Akkurt

Yayına Hazırlayan: Selen Selekler

Kapak Tasarım: Nafiz Oksar / FDA Tasarım

www.fdatasarimofisi.com



Baskı: Yıkılmazlar Basın Yayın Prom. ve Kağıt San. Tic. Ltd. Şti.

Evren Mah. Gülbahar Cad. No:62/C Güneşli-Bağcılar/İstanbul

Tel: 0212 515 49 47

Sertifika No: 11965



Atatürk Mah. Sedef Cad. Ataşehir Residence A Blok No:77

Ataşehir/ İstanbul

Tel : (216) 304 69 22

www.kakitap.com / ka@kakitap.com

ka bilim

**A. M. Celâl Şengör**

# NEWTON NEDEN TÜRK DEĞİLDİ?

ka kitap

## *İÇİNDEKİLER*

(Emel Fırat: 23 Mayıs 1951 - 15 Ekim 2015)

## *İthaf*

### *Emel Ablama*

Sevgili Emel Ablacığım,

Bu kitabın hazırlanması aşamasında yayınlandığında kitabı sana kendim getirmeyi düşünmüştüm; seni Bodrum'da bir kere daha görmeme bahane olur diye. Kitabın içindeki makaleler seninle tam 47 yıl önce Işık Lisesi'nin koridorlarında ve kantininde yaptığımız konuşmaların konularını içerdiği için (tabiî hepsini değil! Neler neler konuşmamıştık ki. Hepsini bir cilde doldurmak ne mümkün?), bunları tekrar seninle konuşmayı çok arzu ediyordum.

Sen o zaman lise son sınıftaydın; ben ise orta ikide. Senin bana ayırdığın zamanlar ve o zamanlar içinde benim kafamda şekillenen pek çok düşünce aklımdan her geçtiğinde senin benim üzerimde ne kadar önemli bir etkin olduğunu daha iyi anlıyorum.

Yıl 1968'di, solculuk bütün dünya gençleri arasında önemli bir itici güç halindeydi. Ben ise o zaman gençler arasında rağbette olan solcu düşüncelere sıcak bakamıyordum. Sen benim tanıdığım tüm solcular arasında düşüncesi en berrak olan ve fikirlerine bir itiraz yapıldığı zaman bunu ciddiyetle tartışmak isteyen tek kişiydin. Seni görebileceğim ve seninle konuşabileceğim öğle arası tatillerini her zaman iple çekmekle kalmıyordum; seni gördüğüm zaman içimde uyanan çok hoş bir hisse o zaman bir isim aramayı bile düşünmemiştim. Ama o hissi hiç unutmadım. Büyük zekânın yanında, çok, ama çok güzel de bir kızdın. Benim o güzelliği algılayışıma da ben o zaman bir isim vermeyi düşünmemiştim. Şimdi geri dönüp baktığım zaman, o fiziksel güzelliğin bana aynen enfes bir doğal manzaranın veya muhteşem bir san'at eserinin verdiği hazzı verdiğini hatırlıyorum. Sen doğal güzelliğinin farkındaydın ve onun için ona gereksiz, sun'î süsleri hiç takmadın. Güzel sadeliğin sana eşsiz bir asâlet de veriyordu. O güzellik ve asâlet, kafanın içinin güzelliği ve düşüncelerini ifadedeki becerinle birleşince yanından ayrılması çok güç bir çekim kaynağı yapıyordu seni. Asla çalmasını istemediğim o menfur zil çalıp seni sınıfına doğru çekmeye başlayınca, koridorda âdeta süzülerek giden o enfes ve asil endâmının arkasından kaç kere bakakalmıştım.

Sonra sen mezun olup, ben de Robert Academy imtihanını kazanıp Işık Lisesi'nden ayrıldık. Amerika'da tahsil ederken, Işık Lisesi'ne bir uğradığımda seni bir tiyatro oyununu sahneye koymaya çalışırken gördüğümü hatırlıyorum. Ama belli ki çok meşguldün; uzaktan -içim cızlasa dahi- bir merhaba deyip ayrılmıştım.

47 sene sonra Bodrum'a gelip senin evinde üç gün kaldım. Eşin Nurettin Ağabey'i (Ertürk) ve oğlun Mehmet'i gördüm. O üç günün en tatlı tarafı sanki aradan 47 yıl geçmemiş de, dün Işık Lisesi koridorunda berabermişiz gibi kaldığımız yerden devam etmemiz olmuştu. Sen bana fikirlerindeki gelişme ve değişimleri naklettin. Ben de bir daha senden bu kadar uzun zaman ayrılmamaya karar vererek Assos'taki yazlığıma döndüm. Hattâ Eylül ayı içerisinde İstanbul'da buluşmayı kararlaştırdık. Sonra sen programındaki bir değişiklik nedeniyle daha sonra geleceğini söyledin telefonda.

Hemen ardından hastaneye yattığını duydum. İki kere daha telefonda konuşabildik hasta yatağından.

Ve 15 Ekim gecesi, Viyana'da Avusturya Bilimler Akademisi'ne kabul töreninden Oya'yla otelimize gelince sınıf arkadaşın, "ikizin", Kâmil Ağabey'in (Özkartal) attığı mesajı gördü Oya telefonunda! Oturduğum yerde kalakaldım: Muhteşem, koca Viyana bir anda boşaldı ve anlamsız bir boşlukta Oya ile birbirimize bakmaya başladık. Diyecek tek bir kelime, ifade edilebilecek tek bir düşünce kalmamıştı! Ne dense, ne düşünülse hafif kalacaktı. O anda hissettiğim boşluğu tasvire ne gücüm, ne de cesaretim yeter. Zaten insanlığın ortak kavram haznesinin de o andaki hissiyatımı dile getirebilecek zenginlikte olduğunu sanmıyorum.

O karanlık içindeki ilk ışık huzmesi, bu kitabı sana ithaf etmek fikri oldu. Ölüm seninle konuşmama engel mi olmaya kalktı? Halt etmiş! Ben seninle yazılarımda, düşüncelerimde, rüyalarımda ona inat konuşmaya devam edeceğim. Ona inat beraber düşüneceğiz, üreteceğiz.

Bir sonraki mektubuma kadar hoşça kal güzel ve zeki kız!

Celâl

## *Takdim*

Türkiye her zaman jeologların yoğun ilgisini çeken bir ülke olmuş; son zamanlarda da Avrasya, Afrika ve Arabistan kıtasal levhaları arasında sahip olduğu kilit konumu vesilesiyle yer bilimlerinin ilgi odağı hâline gelmiştir. Ülke, bu büyük litosferik levhaların parçalarını ve arada kalan kıtacıkların, volkanik yayların ve eski derin deniz sahalarının çok sayıda kalıntısını ihtiva eder. Faal tektoniğinden dolayı doğal bir laboratuvar teşkil ederken önemli doğal tehlikeleri de içinde barındırmaktadır. Bunların en riskli olanları, ülkeyi ikiye bölen ve Türkiye'nin doğusundan Marmara Denizi'ne doğru uzanan Kuzey Anadolu Fayıyla ilişkilidir: İç Anadolu bu fay boyunca, Anadolu'nun kuzeyine ve Karadeniz'e göre batıya doğru 2,5 cm/yıl hızla hareket etmektedir. Ülke bu fiziksel bölünmeyle çok sayıda doğal afetin, özellikle de deprem tehlikesinin tam ortasında durmaktadır. Bilim insanı olarak bu fayın mekanizmasını çözmekle derinden ilgili olan Celâl Şengör'ün de çeşitli vesilelerle defalarca değindiği gibi, Kuzey Anadolu Fayıyla bağlantılı olan tehlikelerin, özellikle İstanbul ve Marmara Denizi bölgesinde, gerçekleşmesi kuvvetle muhtemeldir.

Celâl Şengör Asya ve özellikle de Türkiye jeolojisi alanında en önemli uzmanlardan biridir. Çalışmaları güneybatı Çin'den Tibet'e, Orta Asya'dan İran'a ve Akdeniz'e uzanan bölgenin neredeyse tamamını kapsar. Öğrenim hayatına doğduğu yer olan İstanbul'da başlayan Şengör, Almanya'da ve Amerika Birleşik Devletleri'nde dil ve yer bilimleri okuduktan sonra doktora derecesini yine Amerika Birleşik Devletleri'nde, Albany'deki New York Üniversitesi'nde tamamlamıştır. 1981 yılından bu yana içinde bulunduğu İstanbul Teknik Üniversitesi'nde, 1992 yılından bu yana Jeoloji Profesörü olarak görev yapmaktadır. Şengör hayatını ilme adamıştır ve büyük bir tutkuyla ders anlatmaktadır. Türkiye'de modern bilimin gelişimi ve Türk yer bilimlerinin bölgesel, yerli kitlesini aşıp dünya sahnesinde boy göstermesi için büyük emek vermiştir. Amerika Birleşik Devletleri Ulusal Akademisi ya da Amerikan Felsefe Topluluğu üyelikleri gibi faaliyetleri kendisine dünya çapında tanınırlık sağlamıştır. 1970'lerde Alplerin zirvelerinde doktora tezi için çalışmalar yapan genç bir araştırmacı olan Celâl Şengör'le karşılaşmış olmamızın talihli bir rastlantı olduğunu düşünüyorum. O zamandan beri kendisiyle Asya'nın dağlarında, Türkiye'de ya da İstanbul'da ortak projelerde çalışma ayrıcalığına sahip oldum.

Kuzey Anadolu Fayı metafor olarak da değerlendirilebilir: Bugün Türkiye farklı toplumsal kültürlerin fraksiyonları arasındaki uçurumla bölünmüş olan bir ulus. Birinci Dünya Savaşı'yla İkinci Dünya Savaşı arasında Türkiye, Atatürk reformlarının rehberliğinde, modern bir devlete evrildi. Avrupa tarihinin karanlık çağı boyunca ülke, Avrupa'dan kaçan entelektüeller, bilim insanları ve yazarlar için sığınacak bir liman oldu. Entelektüel, anayasal ve demokratik bir ortamın oluşturulmasına yardımı olan bu insanlar, ülkenin kültürel zenginliğine katkıda bulunan pek çok bilim ve eğitim kurumunun oluşumunda önemli roller üstlendiler aldı. Benzer şekilde, biz de, mültecilerimize sığınma sağlayarak bu verimli ortak yaşam şeklini mümkün kıldıkları için Türk insanlarına minnet borçluyuz. Ancak farkında olmalıyız ki; bu kültür tehlike altındadır ve kültür ve eğitim kurumlarımızın bozulmadan devamını sağlamak için, tehdit ve şiddet olmadan söylemde bulunmanın mümkün olduğu açık bir toplumda düşünce ve ifade özgürlüğünü korumak adına sürekli bir çaba gerekmektedir. Bu kitaptan da anlaşılacağı gibi, Celâl Şengör görüşlerini akademik çevrelerin fildişi kulesinin dışına çıkarak açıkça dile getirmekle bilim insanlarıyla toplum arasındaki diyaloğa önemli katkı sağlamıştır. Şengör yazılarında bilimin yöntemleri, toplumdaki rolü, siyasal kurumlarla ilişkileri, bilimsel düşüncenin doğası ve evrimi, Türkiye'de bilimin rolü ve son ama yine önemli noktalardan biri olarak da nasıl bilim insanı olunacağı üzerinde duruyor. Bu bağlamda bir siyasetçi olarak değil, yurttaş ve Avrupa Aydınlanma Hareketi geleneğinin en iyi temsilcilerinden bir entelektüel olarak önemli bir rol üstlenmiş oluyor. Şengör, düşünce özgürlüğü adına ve sahtekârlığa, bağnazlığa ve gericiliğe karşı verdiği savaşta üstün cesaret göstermiştir. Hepimizin Celâl Şengör gibi insanların mücadeleciliğine ihtiyacı var.

Daniel Bernoulli
Emekli Jeoloji Profesörü
İsviçre Federal Teknoloji Enstitüsü ve Zürih Üniversitesi
11 Ekim 2015

## *Yazarın Önsözü*

Bu kitap Türkiye'nin çok karanlık bir döneminde yayımlanıyor. Bu karanlıktan çeşitli kesimler çeşitli kişi ve kuruluşları sorumlu tutuyorlar, ama en çok hedef olan kişi Sayın Cumhurbaşkanı Recep Tayyip Erdoğan Bey, en çok hedef olan kuruluş da, kurucuları arasında olduğu eski partisi Adalet ve Kalkınma Partisi'dir. Kendilerine yöneltilen eleştirilerin çoğuna katılmamak imkânsız. Ben de ülkemdeki pek çok aklı başında, görgülü ve bilgili insan gibi, Tayyip Bey ve partisinin Türkiye'yi artık geri dönülmesi bence pek mümkün olmayan fecî bir âkıbete mahkûm etmiş oldukları kanaatindeyim. Bu âkıbetin, Türkiye'nin artık bugünkü sınırlarına sahip olmayan bir ülkeler topluluğu şeklinde tecellî edeceği kanaati bende her geçen gün kuvvetleniyor.

Peki bu gidişat durdurulamaz mı? Tayyip Bey'in eski partisini iktidardan düşürürüz olur biter mi? Ne yazık ki ben kurtuluşun çaresinin bu kadar basit olmadığını sanıyorum. Bu fikrimin temelinde de ülkemizin başındaki büyük sorunun ne AKP ne de Tayyip Bey olduğu inancı yatıyor. Tayyip Bey de, AKP de, Türkiye'nin yakasına bin yıldan fazladır yapışmış bir illettin günümüzdeki ürünlerinden, yani Türkiye sınırları içinde yaşayan insanların çok eski bir hastalığının ârâzından başka bir şey değillerdir. Bu hastalık en basit ifâdesiyle cehâlettir. Türkiye tarihinde, bu topraklar henüz Türkler tarafından iskân edilmeden yüzyıllarca önce, cehâlet, Roma'nın eski Yunan kültür sahasını yutmasıyla hafif hafif ortaya çıkmaya başlamış -imparatorluk siyaseti güden Roma tek elden yönetimi kolaylaştırmak adına, Yunan mucizesini mümkün kılan kişisel özgürlükleri kısma yoluna gitmişti- büyük darbe ise Orta Doğu'dan gelen eski bir masalın Roma İmparatorluğu içinde akıllara egemen olmasıyla bir âfet hâlini almıştı. Bu masal Hristiyanlıktı. Bir Roma eyaleti olan Judea'da Mûsevîliğin pek radikal bir tarikatı olarak İsa isimli, Beytüllâhim doğumlu genç bir haham tarafından temelleri atılan bu yeni din yorumu, bilhassa Tarsuslu hâli vakti iyi bir entelektüel ve dindar bir Farisi Yahudi olan Saul (daha sonra Paul) tarafından geliştirilmiş, özellikle dördüncü yüzyıldan itibaren de Eski Yunan'ın Sokrates ve Platon (Eflâtun) gibi bilim düşmanı düşünürlerinden de fikirler devşirerek yeni bir din hâline gelmişti. Bu yeni din Eski Yunan'ın bilim alanında elde ettiği kazanımları reddederek, Roma'nın yaygın cahil halk tabakası arasında kendine bir taraftar kütlesi edindi. Daha sonra İmparatorluğun kuzeyden gelen barbar akınına uğraması, ekonomisinin çöküşü ve nihayet barbarların Roma'yı da fethederek Batı Roma İmparatorluğuna son vermeleri (M.S. 476) Batı ve Orta Avrupa'da bilimi yok etmiş, yerine baskıcı ve tıpkı Mûsevîlik gibi eski Orta Doğu masallarından türetilmiş olan Hristilyanlığı bir toplum düzeni olarak empoze etmelerine sebep olmuştu. Bu olaylardan sadece iki yüzyıl sonra Mûsevîlik ve Hristiyanlık ile aynı kaynaktan beslenen yeni bir din dalgası bu sefer doğudan gelerek eski Yunan geleneklerine kısmen de olsa tutunmaya çalışan Doğu Roma İmparatorluğu'nun iç düzenini perişan etti. Buna rağmen yeni fatihler, yani Müslümanlar, Eski Yunan'dan öğrenmek arzusundaydılar ve bunu büyük bir hızla başardılar. Müslüman ülkeleri Yunan medeniyetinin taşıyıcıları hâline geldi. Hristiyan liderlerin tersine, Müslüman liderler, iyi yetişmiş, tahsilli kişilerdi.

Eski Yunan'dan korunabilen eserler bir zamanlar mevcut olmuş olanın tamamı değildi. İskenderiye ve Bergama Kütüphaneleri çoktan yok olmuştu. Ama Müslüman Araplar Süryâni tebaalarının da yardımıyla bulabildiklerini topladılar ve Bağdat gibi yeni kültür merkezleri oluşturdular. Bu merkezler

Yunanlılardan tevarüs edilen uygarlığı daha da ileri taşıdı. Ancak Müslümanların talihleri Romalılarınki kadar uzun sürmedi. 1219'da Harezm İmparatorluğu'nun Cengiz Han'ın orduları önünde akıllara durgunluk verecek bir hızla çökmesi, büyük Türk-Moğol Han'ına[1] daha batıda bulunan yerleri da kolaçan ettirme fırsatını verdi. Cengiz Han iki üstün yetenekli mareşali Sübüdey ve Çepe'ye Güneybatı Asya ve Doğu Avrupa'da, ileride Avrupa'nın da fethine temel teşkil edebilecek bilgileri toplamak üzere bir keşif seferi yapmaları emrini verdi. İki mareşalin yaptıkları bu sefer Türk-Moğol İmparatorluğunu 12 milyon kilometre kare büyüttüğü gibi (Osmanlı'nın en büyük zamanında alanının sadece 6 milyon kilometre kare olduğunu hatırlayalım) Orta Doğu'da yeşermeye başlamış olan uygarlığın da sonunun başlangıcını oluşturdu. Cengiz Han'ın 1227'de ölmesi üzerine Büyük Han olan Ögedey'i (1186-1241) önce oğlu Küyük (1206-1248), onun ardından da yeğeni Möngke (1209-1259) izledi. Tuluy'un oğlu olan Möngke, kardeşi Hulâgu'yu (1217-1265) 1255 yılında Güneybatı Asya'daki birliklerin başına göndererek oradaki fetihlerin tamamlanmasını istedi. Zaten daha önce General Baycu 1243'de Anadolu'daki Müslüman-Hristiyan ittifakını Kösedağ Savaşı'nda mağlup ederek Anadolu'yu Cengiz İmparatorluğu'na bağlamıştı. Hulâgu'nun 1258'de Bağdat'ı fethetmesi, İslâm medeniyetinin de sonunu getirdi. Rivâyetlere göre, Dicle günlerce zengin Bağdat kütüphanelerinden çıkarılıp içine atılan el yazmalarının mürekkepleri yüzünden siyah akmıştı. Türk-Moğol orduları Orta Doğu'daki herkesin kullandığı eski haberleşme ağını yok ederek yerine atlılardan oluşan ve büyük bir hız gerektiren kendilerininkini getirdiler. Bölgenin

1 Cengiz Han'a, Karaoğlan'ın yaratıcısı Suat Yalaz'ın da zamanında kullandığı bir sıfatla "Türk-Moğol Han'ı" dememin tarihsel temeli olmayan boş bir lâf olduğu sanılmasın. Bugün dahi Moğolistan'da Harharin'i (eski başkent Karakorum) ziyaret edenler orada şehre ve eteğinde akan Orhun Nehri'ne egemen bir yükseklikteki muazzam şaman anıtının etrafında üç dev harita görürler. Bu üç dev harita üç büyük imparatorluğun haritalarıdır: Hyung-Nu (yani Mete'nin Hunları; Çin kaynaklarında Mete, Modu Şanyu olarak görülür), Türk (yani Kök-Türkler veya Mavi Türkler) ve Moğol (yani Cengiz İmparatorluğu). Beni bu anıta götüren meslekdaşım Akademisyen Profesör Onongin Tomurtogoo'ya bu muhteşem anıtta Moğolların da ataları olduklarını bildiğimiz Hyung-Nu İmparatorluğu'nun haritasını görmeyi normal karşıladığımı, ama Kök-Türklere niçin yer verildiğini anlayamadığımı söylemiştim. Profesör Tomurtogoo bana cevaben, Moğolların kendilerini Türklerden ayrı bir ulus olarak görmediklerini söyledi. Ona göre, Moğolca kadar Türkçe de bilen Cengiz Han'ın (zaten o zaman bu iki dil birbirine bugünkünden çok daha yakındı) imparatorluğu da bu tek halkın eseriydi. Türklerin kendilerini Doğu Asya'daki akrabalarından ayrı görmeleri ise batıya göçün ve bilhassa Müslüman halklarla karışmalarının neticesidir.

tüm zenginliklerine el koyuldu. Halk yüzlerce yıldır görmediği bir fakirlik ve çaresizlik içine düştü. Benzer olaylar aynı zamanda Çin'de de Möngke'nin diğer kardeşi olan Kubilay Han (1215-1294) komutasında cereyan ediyordu.

Bu yıkıcı ortamda akıl düşmanı dinsel akımların güçlenmesi şaşırtıcı değildir. Bu dünyadan ümidini kesen insanların sığınacağı tek yer hayâlî bir öteki dünya olur. 9. ve 10. yüzyılda Abû al-Hasan Alî ibn Ismâ'îl al-Ash'arî (874–936) ile başlayıp, Abû Hâmid Muammad ibn Muammad al-Ghazâlî (yaklaşık 1058–1111) ile doruğa çıkan vahiyi akıldan üstün tutma eğiliminin zaferi Müslüman dünyasının Cengiz istilâları ile uğradığı moral yıkımının bir sonucudur. Ama bu diğer-dünyacı tutum Müslümanların aynı yıkımdan kurtulmalarına da imkân bırakmadı. Bir yeni fırsat Fatih Sultan Mehmed (1432-1481) ile bir ara yakalanır gibi olduysa da bu büyük dâhinin 49 yaşında zehirlenmesi ve kendisinden sonra tahta çıkan oğlunun aşırı dindar ve babasının kültüründen ne yazık ki hiç nasiplenememiş olan II. Bayezid olması Osmanlıların da medeniyet merdiveninde sürekli aşağıya inmelerine sebep olmuştur. Fatih'in kendi yerine, daha akıllı bulduğu küçük oğlu Cem'i istemesinin, veliahd Bayezid'in kendisini zehirletmesine sebep olduğu fikri bugün pek çok tarihçi tarafından en muhtemel senaryo olarak görülmektedir. Fatih'in öldürülmesi hiç kuşkusuz Osmanlı tarihinin en fecî olayı, Batı Asya ve Güneydoğu Avrupa'da yaşayan Osmanlı halkının da en büyük felâketi olmuştur. Onun çapında bir dâhî için Osmanlı'nın bir araya toparladığı halklar 450 sene beklemek zorunda kalmış, bu arada çok şey kaybetmiş, çok büyük acılar çekmişlerdir.

Her ne hâl ise, Osmanlı İmparatorluğu ve bilhassa bu imparatorluğun Anadolu'da yaşayan kesimi 20. yüzyıla gelindiğinde taş devrinde yaşayan zavallı bir kurum ve topluluk hâline gelmişti. Bu halk, büyük çoğunluğu Balkan Harplerindeki, Birinci Dünya Savaşı'ndaki cephelerde pişmiş tecrübeli komutanlarının ve büyük dâhî Mustafa Kemâl Paşa'nın komutasında gerçekleştirdiği son bir atakla bugünkü Türkiye topraklarını zaten çoğu artık savaşmak istemeyen düşmanlardan temizleyerek Türkiye Cumhuriyeti'ni kurdu. Cumhuriyetin başına da büyük komutan

Mustafa Kemâl Paşa'yı getirdi.

Halk kendisini kurtaran komutana doğaüstü güçlerin yardım ettiğine inanıyor, bunun için de yaradıcısına şükrediyordu. Bunun böyle olmadığını, kendilerini kurtaran şeyin aklın bilim kılavuzluğunda kullanılması olduğunu bilen Mustafa Kemâl Paşa, Hulâgu Han'ın saldırılarından sonra bir daha toparlanamamış olan doğunun tek kurtuluşunun Rönesans esnasında Hristiyanlığa sıkı bir tekme atarak Eski Yunan san'atını ve bilimini diriltmenin tek kurtuluş olduğunu görmüş olan ve bunun neticesinde de 17. yüzyılda Bilim, 18. yüzyılın sonunda da Sanayi Devrimini gerçekleştirmiş olan Batıyı örnek almak olduğunu anlamıştı. Yapılacak iş dinin toplum üzerindeki tahakkümünü kırarak toplum yaşamının temelini bilime yaslamaktı. Din, inananla inancı arasındaki yere yerleşmek ve orada inanana has özel bir düşünce olarak kalmak zorundaydı. Toplum yönetiminde yeri olamazdı. Mustafa Kemâl Paşa ülkesinin sınırlarını garantiye alır almaz muazzam bir yenileşme hareketini hayata geçirdi, halkına pek çok eski alışkanlıktan artık vazgeçilmesi gerektiğini söylemeye, bu yönde kurumlar oluşturmaya ve yeni nesli bu istikamette kurulan okullarda yetiştirmeye başladı.

Bütün dünyada aklı başında insanlarda büyük hayranlık uyandıran bu faaliyet sonucunda bir Orta Çağ kalıntısı olan Türkiye on sene gibi akıl almaz bir sürede modern bir ülkeye benzemeye başladı. Ancak halkın Mustafa Kemâl Paşa'nın her yaptığını tamamen anladığı ve her yaptığını tasvip ettiği sanılmamalıdır. Halk refahı beğenmiş, ama dine çekilen sınırları anlayamadığı için tasvip etmemiştir. Halkın aynı nedenlerle Fatih Sultan Mehmed'i de sevmediği unutulmamalıdır. Halkın çoğunluğu sanıyordu ki, kendisine bu galibiyeti sağlayan Allah'ın dinine ihanet edilmektedir. Menfaati halkın cehaletine ve din sömürüsüne dayananlar da bu düşünce ve hisleri istismar etmekten geri durmuyorlardı.

Halkın kendisine seve seve Atatürk soyadını lâyık gördüğü Mustafa Kemâl Paşa 1938'de 57 yaşında, halkına her istediğini anlatamadan vefat etti. Yönetimi esnasında daima karar verici olarak kendisini muhafaza etmiş olan Atatürk, kendinden sonra demokratik bir rejim tavsiye etmişti. Bunun sebebi, kendi çapında bir düşünür ve icracıyı arkadaşları arasında görememiş olmasıdır. Ayrıca Atatürk diktatörlüklerin ömürlerinin asla uzun olamayacağını ve olmaması gerektiğini biliyordu. Ancak kendisinden sonra Cumhurbaşkanı ve Millî Şef olan İsmet İnönü'nün, kucağında birdenbire İkinci Dünya Savaşı gibi korkunç bir âfeti bulması Türkiye'nin son derece aleyhine olmuştur. İnönü bu savaşla başa çıkabilecek çapta bir yönetici değildi. Onun için ve pek haklı olarak ülkesini onun dışında tuttu, ama bir yandan da elinden geldiği kadar hazırlanmaya gayret etti. Bu hazırlık otoriter bir devlet oluşturmak ve halkın ihtiyaç malzemelerini muhtemel bir savaşta kullanılmak üzere depolamak şeklini aldı. İletişim özürlü olan İnönü otoriterliği Atatürk gibi ustaca kullanamadı ve bilhassa, gerçekten de, samimiyetle halkın iyiliği için düşünülmüş olan çabalarını bir türlü halka anlatamadı. Zaten cahil olan halk devletin despotlaştığını ve kendi refahına engel olduğunu düşünmeye başladı. Atatürk kadife eldiven içindeki çelik bir eldi; İnönü ise kadifeden yapılmış bir ele giydirilen bir çelik zırh.

Bu arada İnönü'ye yakın bazı isimler halkın rahatsızlığını farkederek daha liberal bir yönetime geçilmesinin yararlı olabileceğini dile getirmeye başladılar. Ancak aşırı temkinli ve çekingen bir insan olan İnönü liberal bir açılımın nerelere gideceğini kestiremediğinden bunu frenlemeye kalkıştı. Bunun üzerine, 1946'da tencerenin kapağı fırladı ve Demokrat Parti kuruldu. 1950'de iktidara gelen Demokrat Parti ülkeyi büyük ölçüde ferahlattı ve Türkiye'ye yeni bir gelecek umudu aşıladı. Ancak oy uğruna Atatürk'ün dinin ve ekonomik bağımlılığın önüne çektiği setler birer birer kaldırılmaya başlayınca 13. yüzyılda Hulâgu'nun darbesiyle yıkılan İslâm medeniyetinin harabeleri arasından yükselip Doğu'nun gırtlağına sarılmış olan cehalet tekrar o çirkin kafasını uzattı ve yine Türk halkının gırtlağına sarıldı. Bu senaryo Atatürk'ün hep en çok korktuğu senaryo olmuştur. Şahlanan cehaletin ülkesinin ve halkının sonunu getireceğinden, ekonomik bağımlılığın da bunun en önemli silâhı olacağından emindi.

İşte bugün AKP'nin ve Tayyip Bey'in icraatının beğenmediğimiz, tehlikeli bulduğumuz, eleştirdiğimiz her yanının arkasında 1950'lerde tekrar canlanmasına izin verilen cehâlet iblisi bulunmaktadır. Bu iblis, Demokrat Parti'nin son derece iyi niyetlerle başlayan ve sürdürülen, ama ne yazık ki yanlış anlaşılan bir liberalizmden türeyen politikalarının sonucunda hortlamış ve 1960'lı yıllardan itibaren giderek artan bir cür'etle Türkiye politikasına egemen olmuştur. Bugün içinde bulunduğumuz pek karanlık durumdan sadece AKP'yi ve/veya Tayyip Bey'i suçlu bulmak abesle iştigaldir. Onlar hastalığın esbâbı değil, sadece nihâî ârâzıdır. Temel sebep 1946'dan sonra hortlamasına izin verilen cehalettir.

Peki ne yapılmalıdır? Kısa vâdede pek yapılabilecek bir şey kaldığı kanısında değilim. Ne yazık ki, insan yaşamında bazen çok uzun bir zaman olabilen 12 sene içinde olan olmuştur. Türkiye halkı maalesef pek fecî bir imtihan verecektir ve bu imtihandan alnının akıyla çıkacağını sanmak için pek de sebep bulunmamaktadır. Ama ileride kendini toparlamak isterse o zaman kendine tek bir kılavuz alabilir: Bilim. Bilim sırf bilim insanlarının yaptığı bir şey değildir. Halkın her seviyesi kendine göre bilimsel düşünebilir ve yaşam kalitesini arttırabilir. İşte bu kitabın tek amacı yurttaşlarıma ileride kendilerine lâzım olabilecek bilimsel düşünce türünden örnekler vermektir. Verilen örnekler kısmen bilim insanlarının yaşamından, kısmen onların kuramlarından, kısmen toplumun diğer kesimlerinde iz bırakmış kişilerden alınmış, kısmen de kendi fantezimden türetilmişlerdir. Bunların yurttaşlarıma düşünce örnekleri oluşturmaları, yaşamlarını akılcı hatlar üzerinde kurmaları veya baştan düzenlemeleri, cehalet bezirgânlarının peşinden koşmamaları ve bilhassa din propagandası yapan her siyasiden muhakkak ama muhakkak uzak durulmasını düşünebilmeleri konusunda yardımcı olmalarını dilerim. Yalnız, din deyince sırf üç İbrahimî dini anlamayınız. Hinduizm, Mecûsilik, Budizm, Şintoizm, Şamanizm nasıl dinlerse, Marksizm de artık bir dindir, faşizm de bir dindir, falanjizm de bir dindir, Nazizm de bir dindir, her şeyin serbest piyasa olduğunu anlatan sınırsız kapitalizmin içinde vazedildiği düşünce de bir dindir. Düşünmeden, eleştirmeden kabûlü telkin eden her sistem dindir ve dinler tarafından yönetilen her toplumun sonu tarihte felâket olmuştur.

Sırf bu çok önemli konunun altını çizmek için sevgili hocam

ve meslekdaşım Profesör Kenneth Jinghwa Hsü'nün (1929—) emekli olması dolayısıyla ETH Zürih'te (Einstein'in de okulu olan meşhur Zürih politekniği) verdiği veda konferansının burada bir tercümesini de yayımlamayı düşündüm. Çağımızın büyük jeologlarından olan Prof. Hsü Yangzhou (Jiangsu Eyaleti) doğumlu bir Çinlidir ve 19 yaşına kadar da Çin'de yaşamış, eğitiminin çoğunu orada almıştır. Çinliler çoğumuzun anladığı anlamda bir dine sahip olmadıkları hâlde, benzer bir dinsel düşünce onları da bizi olduğu gibi bilim dışında kalmaya mahkûm etmiştir. Yukarıda belirttiğim gibi, tartışılamayan, düşünülmeden kabul edilmesi gereken her şey dindir ve bu özelliklerinden ötürü dinler insan gelişmesinin önündeki en önemli engeldir. Hsü'nün Çin hakkındaki konferansını buraya almamın nedeni, sorunun belli bir dinde değil, dinsel düşüncenin kendisinde olduğunu göstermek içindir. Din olmayan şeyler ise hiçbir dogması olmayan, her an ve her düzeyde gözlem temelli eleştiriye açık (yani özgürlük ortamı içinde gelişen) düşünce sistemleridir. İşte biz bunlara bilim diyoruz. Bu kitabın amacı da, dediğim gibi, sevgili yurttaşlarıma bilim yolunda keyifli bir kılavuz oluşturmaktan ibarettir.

A. M. Celâl Şengör
Anadoluhisarı, 19 Ekim 2015

Sevgili dostum ve hocam Profesör Kenneth Jinghwa Hsü'nun aşağıdaki yazısının hemen hemen tüm sonuçlarına katılıyorum. Katılmadığım tarafı ise Paul Feyerabend'in zırva fikirlerine Hsü'nün beslediği sempatidir. Feyerabend ciddi bir düşünür değil, politik bir ajitatördür bana göre. Bunun nedenlerini diğer eserlerimde tartışmıştım. Prof. Hsü ile yaptığımız daha sonraki konuşmalarda, Hsü de Feyerabend'in fikirlerinde önemli tutarsızlıklar olduğunu kabul etti.

Her şeye rağmen Hsü'nün veda konuşması çok, ama çok önemli bir konuşma, bir dâhînin genç meslekdaş ve öğrencilerine vermek istediği çok kıymetli görüşlerle dolu bir tezdir. Bundan biz Türkiye Cumhuriyeti sınırları içinde yaşayan herkesin çıkaracağı ve çıkarması gereken çok önemli dersler vardır. Bu nedenle bu kitabı onun başlığını alıp Çinli yerine Türk'ü koyarak isimlendirdik yayıncım Emrah Akkurt ile birlikte.

## *Isaac Newton Neden Çinli Değildi?* [I]

*Kenneth Jinghwa Hsü*

***24 Haziran 1994 Cuma Günü, ETH Zürih'in Büyük Konferans Salonunda Verilen Vedâ Dersi***

Bilim, gerçeği arayıştır; tıpkı felsefe ve din gibi. Köktendinci Hristiyanlar gerçeği İncil'de yazılı ilahî buyruklarda ararlar. Zen Budistleri gerçeği, yani zeni, meditasyon esnasındaki ilahî esinlenme ya da başka bir deyişle örüntü tanıma (pattern recognition) yoluyla; ararlar. Filozoflar gerçeği tümevarım ve tümdengelim yoluyla, doğa filozofları, yani bilim insanları ise bu yöntemler haricinde, gözlem ve deney sonucu yanlışlama yoluyla ararlar. Bilim insanlarının yaptığı, gerçeği arayış yolunda problemlerin birbirini izleyen çözüm basamaklarını sayısallaştırarak ifade etmektir.

Çin, çok eskilere dayanan bir bilim geleneğine sahiptir ve Çinliler bilim ve teknolojiye pek çok katkıda bulunmuşlardır. Joseph Needham bir düzineyi aşkın ciltten oluşan yapıtında, Çin'in doğayla ilgili keşifler ve bilgileri insanlık yararına kullanmada, bilim devriminden önceki 14 asır boyunca, Avrupalılardan çok daha etkili olduklarını yazmıştır. Ama yine de bilim devrimi ***geri kalmış*** Avrupa'da gerçekleşmiştir.

Bilim filozofu Paul Feyerabend bana gönderdiği bir metinde, iyi değil, tamamlanmamış bilginin bizi daha iyi bilgiye ulaştıracağını yazmış ve bilim devriminin tarihsel gerçekliğinin kendine özgü mizacından bahsetmişti. Isaac Newton insanlığın entelektüel tarihinin nevi şahsına münhasır bir karakteri miydi, yoksa bir kaçınılmazlık mıydı? Isaac Newton dünyaya neden bir Çinli olarak gelmemişti?

Bu soru, bilim tarihçilerinin üzerinden birçok varsayım yapacakları gözde bir tema olagelmiştir. Ben bir tarihçi değilim ve akademisyen bir tarihçi gibi konuya mantığın sayısallaştırılmış şekliyle yaklaşamam, ancak ben Çin'de büyümüş bir bilim insanıyım. Bilimi, Çin'deki lise eğitimim ve 19 yaşında genç bir adam olarak Batı'ya gitmeden önceye kadar devam ettiğim üniversitede öğrendim. Ayrıca son 15 yıldır Çin'de Çinli bilim insanlarıyla çalışmaktayım. Kişisel bilgi ve gözlemlerim sonucu bazı örüntülerin ("pattern"lerin) farkına vardım. Örüntü tanıma temeline dayanarak, Isaac Newton'ın Çinli olamayacağı sonucuna varma teşebbüsünde bulunuyorum, çünkü Çin kültürünün tarihsel gerçekliği ve Çin dil bilminin gelişimi, modern bilmin bize sağladığı yaratıcılığa engel teşkil etmiştir.

## *İki Bilimsel Yazının Öyküsü*

Yayınlanmış iki bilimsel çalışmama gelen önemli derecede farklı tepkiler beni düşünmeye sevk etti. Hikayenin başlangıç noktası, 1970'lerde geliştirilen ve yer kabuğunu 30 kilometre ve daha fazla derinlikte araştırma imkanı veren sismik bir teknikti. O zamanlar jeofizikçiler tarafından ilk kez, dağların altındaki yer kabuğunun, alçak açılı bindirme faylarınca kama biçimli dilimlere bölünmüş olduğu keşfedilmişti. Şimdi burda jeolojiyle ilgili yazıların detaylarına girmek istemiyorum; sadece şunu belirtmek isterim, bahsettiğim konu hakkında bir fikrim oluşmuştu ve bu fikri İsviçre ve Çin'in jeolojik yapısıyla ilgili iki ayrı makalede yorumlamıştım.[1;2]

İsviçre, Alp Dağları'nın bulunduğu ve Kuzeybatı Fransa'ya kadar uzandığı küçük bir ülkedir. Fransızlar, benim İsviçre

Alpleri için doğru varsaydığım teorinin bir benzerini öne sürdüler. Alpler Doğuda da Avusturya üzerinden Balkanlara uzanır; Avusturya Alpleri ve Karpatlar'ın jeolojik yapısı yine benim teorime benzer bir yaklaşımla açıklanır. Makalemin yayınlanmasından birkaç yıl sonra yer kabuğu alta itme (underthrusting) teorisi genel olarak kabul edilir hâle gelmişti.

İsviçre'de teorime karşı son artçı direnç devam ederken diğer Avrupalılar ve Amerikalılar geri kafalı ön yargılara kulak asmadılar. Aynı sırada yer kürenin diğer tarafında, teorinin Çin'in jeolojik yapısını yorumlaması inatçı bir dirençle karşılaştı. Çin jeoloji dünyasının tutuculuğunu kırma konusunda son 10 yıldır herhangi bir başarı elde ettiğim de söylenemez.

Çinli meslektaşlarımın aksi istikametteki yorumları, adeta İncil'de bahsedilen Yahudi Saul'un, Hristiyanlığı benimseyip Paul'e dönüşmesi gibi, kıtaların kayması (continental drift) konusunda o zamana kadar benimsediğim fikirleri değiştirme sürecimi anımsattı. 1967 ilkbaharında, çalışmalarıma İsviçre Federal Teknoloji Enstitüsü'nde devam etmek için Kaliforniya'dan ayrılmak üzereyken bir arkadaşım benim için veda partisi düzenlemişti. U.C.L.A'den eski sınıf arkadaşım ve Scripps Araştırma Enstitisü'nde deniz jeolojisi üzerine çalışan Jerry Winterer da ordaydı ve kıtaların, okyanusun genişlemesi sonucu birbirinden ayrıldığıyla ilgili yeni teoriyi övgüyle savunuyordu. Bulunduğu gruba yöneldim, araya girerek karşıt görüşlerimi dile getirdim. Winterer, vakur duruşunu hiç bozmadan bana gülümsedi ve günün birinde sözlerimi geri almak zorunda kalacağımı söyledi. Winterer'in intikamı 2 yıl sonra geldi. Beni, Derin Deniz Sondajı Projesi kapsamında, 3 numaralı seferde araştırma yapan ve görevi yeni teoriyi çürütmek olan gemiye gönderdi. Devrim niteliğindeki teoriye ait öngörülerin doğruluğunu acı içinde tekrar tekrar görmek zorunda kaldım. Yine de 2 ay boyunca kaçınılmaz olanla savaşmak istedim. Çin kökenli bir insan için devrimci bir fikri benimsemek neden bu kadar zordu?

## *Tarihsiciliğin Kaçınılmazlığı*

Tarihsiciliğin kaçınılmazlığı hakkında "Konu üzerine 20 yıldır düşünmekteyim." demişti Paul Feyerabend. Peki bu tarihsicilik nedir? Konfüçyüs zamanında Çin'de entelektüel ve sosyal gelişim Antik Yunan'la paralellik gösteriyordu. O dönemde yeni açan çiçekler gibi yüzlerce şehir devleti vardı. Konfüçyüs, Lu şehrinde (günümüz Shantung Eyaleti) bir öğretmen ve politikacıydı. Çin entelektüel geleneğinin bir bütün olarak gelişimi, İsa'nın doğumundan önceki yüzyıl Konfüçyüs felsefesinin faydalarını keşfetmiş olan Han Hanedanı'nın yükseliş zamanlarına dayanır. Selefi, Qin (yani Çin) Hanedanı'ndan 1. İmparator, Çin'i birleştirmiş ancak sadece 20 yıl hükümdar olarak kalmıştır. Kitapları yakmış, Konfüçyüsçü alimleri diri diri toprağa gömmüş ve her türlü isyanı şiddetle bastırmıştı. Zorba hükümdarın ölümünden birkaç yıl sonra hanedanlık dağıldı. Han soyundan gelen imparatorlar, kendi hükümranlıklarının istikrarına kattığı ideolojik değerden ötürü, itaat ve sadakati vurgulayan Konfüçyüs öğretisini benimsediler. Oğulun babaya, öğrencinin öğretmene, askerin komutana, bakanların imparatora olan sadakatini kapsayan bu temel kuraldan sapma, etik dışı, ahlaksız, hatta ölüm cezası gerektirecek bir suçtu.

Konfüçyüs'ün yazdıklarının kutsal kitap kabul edildiği o dönemden itibaren Çinli aydınlar dogmatik bir zihnin esiri hâline dönüştüler: Konfüçyüs tartışmasız, ***gerçeği*** bulmuş olmalıydı.

Çinli öğretmenlere ***önceden doğmuş*** anlamına gelen ***xiansben*** (şianşen) denirdi. Aziz Öğretmen Konfüçyüs'ten sonra, bu öğretmenlerin katkı sağlayabilecekleri hiçbir konu olamazdı. Onlar en fazla, Büyük Üstad'ın genellikle üstü kapalı ifadelerle ne demek istemiş olabileceği hakkında yazabilirlerdi. Evet, bir medeniyet kağıdı, barutu, pusulayı, füzeyi, matbaacılığı, sismometreyi, rotatif sondajı ve daha pek çoklarını icat etmiş olabilir, ancak bunlar felsefî gerçekle ilgisi olmayan insanlarca yapılmış teknik icatlardı. Oysa filozofların yaratıcı olmaları, Konfüçyüs öğretisine karşı çıkmaları mümkün değildi. Nitekim Isaac Newton'ın Çinli olmaması anormal bir durum değil, kaçınılmaz olandır. Deneyimlerim bana Çin'de, bu geleneğin günümüze dek uzandığını göstermiştir.

Ben Çin'de büyüdüm ve benim için yol gösterici ışık Konfüçyüs felsefesiydi. Sadakat, istikrar, minnettarlık bu felsefenin erdemlerindendir. U.C.L.A'den ayrıldıktan sonraki dönemde, kişisel sorunlarımla ilgilenen, ihtiyaç duyduğum anlarda bana destek olan bir profesörüm vardı; Kıtaların Kayması Teorisine karşıt görüşte biriydi. Öğreticime olan sevgim ve saygımı korumak adına, onun yargılarını sorgulamama kararı almıştım; onun fikirlerini yanlışlayabilecek hareketlerden uzak duracaktım. Konfüçyüs felsefesine göre sevgim, bilimsel gerçekliğin peşine düşmekten daha önemliydi.

Köktendinci Hristiyan bir arkadaşım var. İncil'de yazanları harfiyen kabul ederek vardığı sonuç, İsa'nın ya Mesih ya da yalancı olması gerektiği istikametindeydi. Kilise okulundaki öğretmeninin ikinci alternatifin kabul edilebilir olmadığını söylemesi üzerine, kendi için Ortodoks Hristiyan inancına imandan başka bir seçenek bulamamış. Benim de yeni jeoloji teorisinin getirdiği anlayışı benimseme yolundaki dönüşümüm esnasında hissettiğim buna benzer bir ikilemdi. Eğer öğreticimin yanıldığına ikna olursam, onu sevmeye ve saymaya nasıl devam edebilirdim? Ben de İsa'nın Mesih ya da yalancı olması dışında herhangi bir olasılığı arama peşine düşmemiştim.

Otobiyografik yapıtım (*Challenger Denizde*) ***Challenger At The Sea***'de bir bölüm boyunca öğreticimin yanıldığına ikna olma sürecimi anlattım: Kıtalar ya sürüklenmişler ya da hareket etmişlerdi. O sırada nerdeyse 40 yaşındaydım, ancak yargılarımda olgunlaşma dönemine henüz giriyordum. Öğretmenimi hâlâ sevdiğimi, hatta belki her zamankinden daha çok sevdiğimi anladım; çünkü kimsenin hatasız olamayacağını fark etmiştim. Her konuda haklı olmamız mümkün değildi. Bilim yanlışlamalarla ilerler, o zamana kadar öğrenmiş olduklarımızın yanlışlanmasıyla. Yanlışlananı kabul etmiyorsak, bilimsel ilerlemeyi de kabul etmiyoruz demektir. Acı vermesine rağmen, ben kabullenmem gerekeni kabullendim. Yeryüzü biliminde çığır açan yeni teoriye karşı çıkmakla hata yapmıştım.

Sonradan anladım ki, bu fikirsel dönüşümü Amerikalılaştığım için başarabilmiştim. Fikirsel dönüşümümün, bazı meslektaşlarımca ***davaya*** ihanet olarak algılanması ironikti. Onların gözünde ben, yeni moda bir fikre gecikmeli olarak iştirak eden bir fırsatçıydım. Çin jeolojisiyle ilgili teorime karşı çıkanların başında, Profesör T. K Huang'ın gözde talebeleri geliyordu. Profesör Huang açık görüşlü, harika bir adamdı, ancak talebeleri çok sevdikleri ustalarının öğrettiklerinden bir adım öteye gidememişlerdi. Onlar asla davaya ihanet etmezler, yeni moda bir fikre atlayan fırsatçılar olamazlardı.

Kişisel fikrime göre, Isaac Newton'in Çinli olmamasının nedenlerinden biri Konfüçyüs öğretisinin öğreticiye olan sadakat ilkesidir. Batı'da da otoriteler, Hristiyanlığın sadakat ile ilgili değerleri, papalar ve zalimlikle hükmettiği halklarından tam bağlılık bekleyen hükümdarlar vardı. Galilei, Papa tarafından susturulmuştu, ancak Newton onun açtığı yoldan ilerledi. Newton neden Avrupalıydı da Çinli değildi?

## *Tarihsiciliğin Kendine Münhasır Karakteri*

Roma İmparatorluğu'nun Sezar'ı vardı, ama öldürüldü. Kutsal Roma İmparatorluğu, Pepin soyundan bir hükümdarca kuruldu, ancak savaşçı kralların, düklerin, baronların imparatorluğu, kurucusunun ölümünden kısa bir süre sonra dağıldı. Merkezi Katolikliğin ve aforoz edebilmenin tüm gücüne sahip kilise bile Rönesans ve Reform ile sonuçlanan asi ruhu bastırmakta başarısız oldu. Kopernik Devrimi, hepimizin hata yapmaya meyilli olduğu ve hiçbirimizin yanılmaz olmadığı anlayışının bir manifestosudur. Galilei susturulmuş olabilir, ancak asla Çin'deki benzerleri gibi otoritenin kendisine dikte ettiklerini kabullenmedi. Papalığın yanılmazlığının simgesi olan mührü artık bir mühürden fazlası değildi ve artık bilimin önüne set çekmek için çok geçti.

Kanaatimce, Çin'in otoriteyi güçlendirmedeki geleneksel başarısının izleri, Çince'nin kendine özgü, farklı gelişiminde aranmalıdır. Batılılar alfabe ve fonetik yazıyı icat ederken, bilinmeyen nedenlerle Çinliler kelimeler yerine geçen grafik sembolleri ('karakterleri') icat ettiler ve korudular.

Diller yazılmaya başlanmadan çok önce konuşulmaya başlandı. En eski yazılı kelimeler Sümerlilere aittir ve M.Ö. 3000 ya da daha öncesine tarihlenmektedir. İlk yazılar bir nesneyi ifade eden piktogram (şekil-yazı) ya da bir düşünceyi ifade eden ideogramlardı (fikir-yazı). Bunlar günümüzde dil bilimcilerce şekillerle adlandırılan sembollerdir. En eski grafikler belirgin anlamları olan, tek heceden oluşan, konuşulan dildeki seslerin anlamlarını ifade eden sembollerdi.[3]

Sümerlilerin, telaffuzları aynı ama anlamları farklı kavramları ifade etmek için aynı sembolü kullanmaları Akatlar ve Mısırlılarca benimsendi. Tek sembol, iki ya da daha çok eşsesli kavramı anlatmak için kullanılabiliyordu. Nihayetinde bir sembol sadece fonetik olarak tanımlanabilirdi ve zamanla o sembolün tek başına anlamı belirsizleşti. Semboller orjinal anlamlarını tamamen yitirdikten sonra, geniş ölçüde logografik (dil-şekil) olan Sümer dili, hecesel Orta Doğu dillerine dönüştü.* Evriminin ilerleyen aşamalarında, bu semboller Roma ve Yunan alfabelerinde de olduğu gibi, Semitik dillerde kullanılan sessiz harfler hâline geldi. Bu dillerin alt soyları da, harflerin ya da hecelerin kendi başlarına anlam ifade etmediği modern Avrupa dilleridir.

Kaos Teorisi'nde bahsedilen **Kelebek Etkisi**'nin kelebeğinin kanatları, Çinliler kelimelerini yapmak için farklı bir yol seçtiklerinde çırpmaya başladı. Onlar önce Sümer dilindekine benzer ***jiajie*** (假借)[4] olarak adlandırılan yaklaşımı benimseyip eşsesli kelimeleri aynı semboller ile ifade ettiler. Örnegin ***lai*** diye okunan 来 sembolü orjinal olarak ***buğday*** kelimesinin karşılığıydı, ancak sonradan eşseslisi olan ***gelmek*** fiilinin de anlamını karşılamaya başladı. Bu nedenle ***buğday*** kelimesi için yeni bir sembol icat edildi ve ***lai*** için kullanılan sembol sadece ***gelmek*** fiilini karşılamaya başladı. Çinliler her kelime için tek bir anlam ve tek bir telaffuz tercih ederler. Bu yüzden eşsesli kelimeler için aynı sembolü kullanmamaya özen göstermek adına, tarihte ilk kez yeni kelime yapma yöntemi denemesinde bulundular.

Bunlardan ilkine ***zhuanzhu*** (转注) denir: Eşsesli kelimleri ifade eden bir sembolü, kavramları ayırmak adına, okunuşları ve yazılışlarında küçük farklarla değiştirmek. Örneğin, 老 sembolü ***eski*** anlamına gelmektedir ve ***lao*** diye okunur. Aynı sembol ***sınav*** kelimesini de karşılamak üzere üzerinde küçük

* Şengör'ün notu: Bu ifade doğru değildir: Dönüşen agglutinatif bir dil olan Sümerce değil, kullanılan alfabenin Semitik dillere uygulanmasıyla ortaya çıkan alfabe kullanımındaki kaymadır.

oynamalarla 考 hâline getirilmiş ve okunuşu ***kao*** olarak değiştirilmiştir. Zhuanzhu etkili bir yaklaşım olamamıştır ve bu kategoriye ait çok az kelime bulunmaktadır.

İkinci yaklaşım ***xingsheng*** (桐), sesleri fonetik olarak ifade etme denemesidir. Bu yaklaşımda en az iki sembol birleştirilir, ancak yeni oluşturulan birleşim sembolün okunuşu sembolü oluşturan parçalardan sadece birinin okunuşudur. Yani yeni sembol, okunuşu belirleyen bir sesli kısım ve sadece yazıda ayırt edicilik sağlayan sessiz bir kısımdan oluşur. Örneğin, Tung Ağacı anlamına gelen (桐) sembolü iki ayrı sembolün birleşimidir. 木 ve 同. Orman ya da ağaçlı anlamına gelen 木, ***mu*** olarak okunur, ***beraber*** ya da ***beraberlik*** anlamına gelen 同, ***tong*** olarak okunur. Birleşim sembollerde, anlamı ayırt etmeye yarayan kısım sessiz kısımken, sesli sembol anlama herhangi bir katkısı olmaksızın kelimenin nasıl okunacağını belirler. Tıpkı Tung ağacı örneğinde, birleşim sembolün ***mu-tong*** olarak değil, ***tong*** olarak okunması gibi. Bu durumda kelimenin okunuşu eşsesli kalırken, belirleyici unsur olan sessiz sembol yazılı dilde ***ağaç*** anlamını verir. Çince ***bakır*** kelimesi de iki sembolden oluşan birleşik bir sembolle ifade edilir. 金 ve 同. Sessiz kısım ***jin*** olarak okunur, sesli kısım bakırı bir metal olarak niteleyen ve ***tong*** olarak okunan kısımdır. Bu durumda kelime ***jin-tong*** olarak değil, sadece ***tong*** olarak telaffuz edilir. Yani kelimeler telaffuzlarıyla değil, sadece görsel olarak birbirlerinden ayrışırlar ve böylece orjinal kimliklerini korumuş olurlar. ***Xingsheng*** yaklaşımının yaygın olarak kullanılması zaman aldı. Shang Hanedanı zamanında bu uygulamayla yapılmış pek az kelime bulunmaktayken, bu, M.Ö. 1200'den sonra Zhou Hanedanı zamanında yaygın biçimde kullanılan bir uygulama olarak benimsendi.

### *İki Ucu Keskin Bıçak*

Her sembolün karşılığı bir ses olabilseydi, bu ideal bir durum olabilirdi ancak böyle bir olasılık imkân dahilinde değil. Çince'de 3000 ya da 4000 kadarı yaygın olarak kullanılan 50.000 civarı sembol var ve her hecenin tonlaması belirtilmiş olsa da yüzlerce telaffuz şekli var. İşte bu sebeple Çinliler kelime türetmede ***xingsheng*** yolunu kullanmak zorunda kaldılar.

Batılıların çok heceli kelimeler türetmekte kullandıkları yol daha zekicedir. Sümerce, grafiklerin ses karşılıklarını uygun şekilde birleştirip okumak suretiyle, ***kral*** anlamına gelen ***lugal*** kelimesinde olduğu gibi, çok heceli dil yapısına dönüşmüştür.**- Batı dilleri de fiil çekimleri ve kelime türetme eklerini ifade eden sembollerin, kök sembole eklenerek kelime yapılması suretiyle çok heceli dillere evrilmiştir.[3] Oysa Çince'de dil bilgisel semboller kelime kökünü ifade eden sembole eklenmemiştir; bu gramer sembollerine Çince'de ***boş kelimeler*** adı verilir, ancak bu kelimeler kendilerine has görsel ve telaffuz özelliklerini korurlar. Bu şekilde Çince, bünyesinde basit ya da bileşik kelimeler barındırsa da, tek heceli yapısını korumuştur.

Zaman içinde başlangıç amaçları her sembolü sese dönüştürmekken, çelişkili biçimde kelimelerin bazı kısımları sessizleşmiştir. Konuşulan diller dinamiktir. Bunun doğal sonucu olarak da yazılı hâlleri de zaman içinde değişime uğramalıdır. Ancak, kelimelerin görüntüleriyle tanımlandıkları ve bu şekilde ayırt edildikleri bir dilde yeni seslere adaptasyonu sağlamak için kelimelerde herhangi bir değişiklik yapma gereği ortadan kalkmıştır. Kendi soyadım, Çince'deki yazıyla okunuş arasındaki ses kaybını göstermek için bir örnek teşkil eder. Amerikalı ve Avrupalı arkadaşlarımca soyadım ***Hsü*** olarak biliniyor. Bir keresinde, Sarawak'da Çin kökenli bir Malezyalı olan Bay Houk ile tanıştım. Masasının üstündeki isimliği görünce fark ettim ki, ikimizin de soyadlarının yazılışı aynı. Bunu kendisine söylediğimde, onun konuştuğu lehçede 許 simgesinin ***houk*** olarak okunduğunu öğrendim. O zaman anladım, kelimenin yazılış şekli fosilleşse de, okunuşu dilin dinamizmini yansıtıyor. Ayni sembol değişik yerlerde, değişik şekillerde okunuyor.

4000 yıllık kullanımdan sonra Çince hâlâ tamamen logografik bir dildir. Her sembolün belirli bir anlamı vardır ancak okunuşları her lehçede değişiktir. Dünyadaki diğer diller zaman

**Şengör'ün notu: Altay dilleri (Türkçe, Moğolca, Tunguzca, Korece, Japonca) de Sümerlilerin agglutinatif yöntemini uygulamışlardır. Ancak bu, Sümerce ile Altay dilleri arasında (bazen iddia edildiği gibi) bir akrabalık var demek değildir.

içinde sembollerin belirli sesleri ifade eden sesli ya da sessiz harfler şekline dönüşmesiyle fonografik bir yapıya evrilmiştir. Bu dil yapısında bir harf ya da bir hece belirli bir sesi temsil eder, belirli bir anlamı değil. Aynı başlangıç noktasından, yani konuşulan kelimelerin resim-yazı ifadesinden yola çıkan Doğu ve Batı dilleri zamanla çok farklı yönlere ilerlediler. Çince yazı dili birincil olarak görsellik, ikincil olarak sesselliğin hâkim olduğu bir yapıya dönüşürken, Batı dillerinde yazım, konuşulan dilin seslendirilmesi biçimini aldı.***

Çinlilerin dili yazısal bir kavram olarak algılama eğilimleri varken, Batılıların dil konusundaki algıları, onun konuşulan bir şey olduğudur. Çinde binlerce lehçe vardır. Pekin (Mandarin) lehçesi, Nanjing lehçesi, Kanton lehçesi ve daha binlercesi. Ama sonuç olarak lehçe, lehçedir. İsviçreliler bu çelişkiyi iyi anlarlar. İsviçre Almancası diye bir dil yoktur. Basel Almancası, Bern Almancası ya da Zürih Almancası vardır. Alman kökenli İsviçreliler, dil bilgisi ve imla bütünlüğü sağlayabilmek için Almanca'nın yazılışını kendileri için resmi yazılış şekli olarak benimsemişlerdir. Oysa Çince yazı dili Çince'dir, Mandarin ya da Kanton lehçesinde değildir. Çinliler kendi diyalektlerine ait kelimeleri, İsviçreliler'in yaptığı gibi kendi yazılış biçimlerinde yazamazlar; çünkü Çince fonetik bir dil değildir. Bu dil yazıda tüm lehçeler için tek, konuşmada tamamı için farklıdır. Tarihte kendine özgü bir durum olan Çinliler'in icat ettikleri ***xingsheng*** uygulaması, Çinliler'in, çok sayıda lehçenin varlığına rağmen, tek bir yazılı dillerinin olmasına olanak sağlamıştır. Geriye dönüp bakıldığında, bu dil uygulaması Çin tarihine ait en önemli gelişmedir. Yabancı istilacılar Çin'e geldiklerinde Çince yazmayı bilmiyorlardı. Ülkeyi yönetebilmek için bir yazı şekli, yani Çince yazı edinmek zorundalardı. Nihayetinde sadece konuşuyor oldukları kendi dillerini unuttular, Çince öğrenmek zorunda kaldılar ve Çince'yle uyumlu lehçelerden birini konuşur hâle geldiler. Barbarlar, fethetmeye geldikleri toprakların insanları tarafından absorbe edildiler ve asimile oldular.

Kelimeleri fonetik olarak yazıya döken Batılıların tarihi ise

***Şengör'ün notu: Burada Hsü, Tİbet-Çin ailesi sanki bütün doğuyu temsil ediyormuş gibi konuşuyor. Tabiî bu doğru değildir ve nihayet bir Çinlinin alıştığı bir önyargıdan ibarettir. Bir önceki dipnotta belirttiğim gibi, Altay Dilleri Hint-Avrupa dillerinin ve Sümercenin yolundan gitmişlerdir.

bambaşka bir yöne doğru yol aldı. Cermen insan akını Roma İmparatorluğu'na doğru ilerledi. Asyalı akıncılara benzer şekilde fethettikleri ülkelerin yazılı ve sözlü diline adapte oldular, ancak Fransa'da Fransızlar, Belçika'da Valonlar, İtalya'da Lombardlar, İsviçre'de Bungunderler'e ait diller gibi farklı modern diller Latince'nin yerini aldı. Bazıları ise kendi dillerini korudular, zaten kendi fonetik yazılarını icat etmek çok da büyük bir mesele değildi. İsviçreli bir genç Basel ya da Zürih Almancası ile yazmada bir sorun yaşamaz. Fonetik yazıyla bir kişinin komşu şehirde yaşayan akrabasıyla bile aynı dili konuşuyor olmasına gerek kalmaz ve o kişi garip bir dil konuşan bir yabancının otoritesine boyun eğme zorunluluğu hissetmez. Bu bakımdan fonetik yazım çeşitlilik arz eden bir unsur olmasıyla beraber bölücü de olmuştur. İnsanlar farklı diller yüzünden birbirlerinden kopmuş, ortak kültür mirasından uzaklaşmışlardır. Nobel ödüllü tanınmış Çinli Yang Zhenling, Çin'in bilimde büyük gelişmeleri M.S. 1400 itibariyle Avrupalılar tarafından istila edilene kadar gerçekleştirdiğini söyler. Bu zaman aşağı yukarı Gutenberg tarafından matbaanın bulunmasıyla aynı zamana denk düşer. Almanca, Fransızca, İtalyanca ilk kitaplar 15.yy'da, Latince'nin ortak dil olarak kullanılmasının lağv edilmesiyle, Kopernik devriminden kısa süre önce basılmıştır. Belki de, modern bilimin doğuşu Rönesans ile Avrupa'da ulusal bazda ülkelerin ayrılmasının eş zamanlı olması tesadüf değildir.

Yazılı dillerdeki çeşitlilikle, Avrupalı halklar özgürce düşünebildiler ve kendilerine Latince dikte eden otoriteye baş kaldırdılar. Thomas Aquinas Orta Çağ'ın en büyük merkezi skolastik düşünürlerinden olabilir, ancak o bir İngiliz değildi ve Francis Bacon gerçeği arayışta farklı bir yol önerirken kendini bir hain gibi hissetmek zorunda kalmadı. Ya da Kopernik gezegensel hareketleri Batlamyus'unkinden çok farklı bir teoriyle açıklarken, kutsal değerlere saygısızlık ediyor olmakla suçlanma gibi bir endişe taşımadı. Ama Çin'de bunlardan kaçış yoktu. Çin, tarihte sıradışı bir kendine özgülükle dilinin yazılı hâlini bambaşka bir mantıkla inşa ederek, Avrupa'nınkinden bambaşka bir yola saptı. Kaderin bu cilvesi, Çin'i Konfüçyüs dogmasının kaçınılmaz kabulüne yöneltti. Konfüçyüs öğretisi yanlışlanamazdı. Görünen o ki, Isaac Newton'un neden Çinli olamayacağının tarihsel kaçınılmazlığının kökleri, bir dilin kendine has gelişiminde aranmalı.

## *Logografik Dilin Fonetik Dilin İçine Alınması*

Richard Feynman demiştir ki, "Fizik biliminde her şey bir sürü proton, nötron ve elektrondan ibarettir; oysa günlük hayatta insanlıktan, tarihten, güzellikten ve umuttan bahsederiz."[5] Bu ayrım modern bilmin literatürünün sadece fonetik dilde değil, ayrıca aslında başka bir logografik dil olan matematik dilinde yazılmış olmasından kaynaklanan doğal bir sonuçtur.

Pek az insan bilimsel terimlerin etimolojik kökenini merak eder. Anlamsız hecelerden oluşturulmuş yeni bir terim, orjinal bir fikri, doğayı anlamamızı sağlayan yeni bir kavramı ifade eder. Stephen Hawking modern bilimin yükselişini, Galilei ve Newton tarafından ***ivme*** kavramının bulunmasının yanı sıra, bunların doğru ve kesin olarak tanımlanmasına bağlar.[6] Çince ***ivme***, sırasıyla artış ve hız anlamına gelen iki sembolden oluşur ve yazılı Çince'de, bu iki sembolün günlük konuşmada anlaşıldığı gibi hızın belirsiz bir artışını mı, yoksa birim-zamandaki ölçülebilir artışını mı belirttiğini ayırt edebilecek bir kural yoktur. Yani kavramın anlamını yeni bir kelimeyle değil de, anlamı belirgin olmayan iki kelimenin birleşimiyle anlayabilmek oldukça zordur.

Muhtemelen dilin tabiatından daha önemlisi de yeni kavramları karşılayan kelimelerin alfabetik bir dile kolaylıkla aktarılabilmesidir. Bilim dili, fonetik kelimeler ve matematik dili denen, kavramları temsil eden simge ya da kısaltmaların sembollerinden oluşur.

$$1, 2, 3, ..., F, m, a, ..., =, i, \int (da/dt)\, dt, \phi, \lambda \text{ ..etc.}$$

Yukardakiler Çince kelimeler gibi sembollerdir. Fonetik değildirler ve muhtemelen fosilleşmiş anlamları dünya çapında anlaşılabilir niteliktedir. Matematik dili ***muhasebe hesabı tutmaya*** çok uygundur. Matematik dilinin grameri ve kelime dağarcığı deneylerle yanlışlanabilir ölçümlerin kesin sonucunu ifadede değişikliğe olanak sağlar. Oysa matematiği Çince'ye adapte etmek son derece zordur. Bunun ne kadar zor bir iş olduğunu, yakın zaman önce popüler bir derginin editörü, bilim insanı olamayanlar için yazılmış bir yazımın içinde geçen tüm denklemleri çıkarmamı istediğinde anladım.

Newton yerçekimi teorisini ifade edebilmek için entegral ve diferansiyel hesaptan faydalanmıştı. Elektrik ve manyetizma Maxwell dalga denklemleriyle açıklanmıştı. Einstein, İzafiyet Teorisini kurabilmek için Reimann Geometrisini kullandı. Matemetik, bilim için harikalar yaratmıştır ancak Lord Kelvin gibi bilim insanları, gerçeğin sadece matematiksel fizik dilinde ifade edilebileceği şeklinde bir kibire kapılmışlardır.

Bütünsel anlamda etkisi olmayan parçalardan oluşan fonetik bir kelime, günlük hayattaki deneyimlerle çelişebilecek bir fikri nakletme konusunda avantaj sağlar. Matematiksel sembollerle ifade edilen ilişkiler, gerçekliği yansıtma konusunda yanıltıcı olabilirler. Bertrand Russel bir keresinde hicivli bir şekilde, matematikçilerin ne neden söz ettiklerini, ne de söz ettikleri şeyin doğru olup olmadığını bilen insanlar olduklarını söylemiştir.

Paul Feyerabend'in provokatif yaklaşımına göre, bilim sağduyuyla çelişecek önermeler icat eder.[7] Aslında, modern fizik, Planck'ın Kuantum etkisini fark etmesiyle başlayan bir paradokslar bütünüdür. De Broglie, bizlere ışığın dalga/parça ikiliğini, Schrödinger de kedisini armağan etti ve ışığın fiziği tamamen resmedilemez bir hâle dönüştü. Heisenberg belirsizlik ilkesini, tıpkı Planck sabitiyle momentum/pozisyon ya da enerji/zaman gibi iki belirsizliği ilişkilendirerek öne sürdü. Einstein'ın İkizler Paradoksu, Minkowski'nin uzay-zaman koordinasyonu... Zaman ***sadece bir koordinattan*** ibaret bir hâle dönüştü. Büyük Patlama (Big Bang) öncesini düşünmek sanki yer yüzünde 91$^0$ kuzey enlemini düşünmekle aynı şeymiş gibi saçma bir hâl aldı.[6]

20. yüzyılın ikinci yarısında bilim insanlarının kaydettikleri ilerlemelere büyük saygım var, ancak bu ilerlemeler çoğunlukla Çin'in son iki bin yıldır gerçekleştirdiği teknik başarıların benzerleridir. Bilim için ne yaptık? Temel parçacıkları aramak için milyarlar harcadık, sonunda elimize fermionlar ve bozonlar kalabalığı geçti. Ancak Isaac Newton'un ilkesini yanlışlayabildik mi? Newton *Optick* isimli kitabında şöyle yazmıştır.

*Maddenin en küçük parçacıkları, en güçlü çekimle birleşerek daha büyük ama daha zayıf etkide parçacıklar oluşturur. Bunlardan pek çokları bir araya gelip daha da büyük parçacıklar oluşturabilirler, ancak etkisi yine de daha zayıf kalacaktır. Bu durum, kimyasal olayların gerçekleştiği, doğal oluşumların renginin belirlendiği en büyük parçaya dek silsileli olarak devam eder ve parçacıklar birbirlerine yapışmak suretiyle hassas kütleler oluşturur.*

Fermionlar ve bozonlar, burada bahsedilen Newton parçacıkları ya da bu parçacıkların oluşturduğu kümeler olabilir mi? Steven Weinberg, Newton yaklaşımının artık çıkmaz bir sokağa ulaştığını söyler. Acaba bu çıkmaz sokak sadece matematik diliyle konuşanlar için geçerli olabilir mi? Modern fiziği, yeniden fonetik ya da logografik kelimelerle anlayamaz mıyız?

## Sıfır ya da Hiçlik

Doğru şekilde ve net düşünmeye alışmamış insanlarca kullanılan matematik dilinde bazı temel noksanlıklar ortaya çıkar. Matematikçiler sıfır ile hiçlik arasındaki farkı bilirler, ancak bizlere fizik öğretilirken ikisinin arasındaki ayrım yeterince vurgulanmaz. Kimyada, beta çözünmesi olarak tanımlanan ve radyoaktiviteyi kendi kendine dağılma olarak ifade eden denklemler görürüz. Buna göre, durduk yere bir potasyum çekirdeği bir elektron atar ve kendini kalsiyum çekirdeğine dönüştürür. Bu reaksiyon şu şekilde denklemleştirilir:

$K^{40}$ ? $Ca^{40} + e^{-}$ (1a)

Parçacık fiziği kitaplarında ise beta çözünmesi, nötronun bozularak proton p+, elektron e- ve antinötrinoya $\sqrt{0}$ dönüşmesi olarak ifade edilir.

$n^{o} \rightarrow p^{+} + e^{-} + \sqrt{0}$ (2a)

Bana 2a denkleminin son kısmının bir ***muhasebe hesabı tutma gereci*** olduğu söylenmişti. Beta çözünmesi keşfedildiğinde, fizğin temelini sarsacak ciddiyette bir problem ortaya çıktı. Çözünme esnasında elektrik yükleri korunurken, açıkça görüldüğü üzere, momentum korunmuyordu. Bu gözlemle yüzleşen bilim insanlarının bir seçim yapması gerekiyordu. Ya temel parçacıkların momentumunun korunması fikri terk edilmeliydi ya da her şeyin yolunda yürümesi için gözlemlenemeyen ama tam gerekli miktarda momentum taşıyan bir şey yayılarak momentumun korunmasını sağlıyordu. Ardından Fermi, gözlemlenemeyen ama açığa çıkıyor olması gereken bu şeye İtalyanca küçük nötron anlamına gelen ***nötrino*** adını verdi.[8]

Enerjinin korunması konusundaki ***muhasebe hesaplarını eşitleyerek*** fizikçiler terimleri yeniden düzenleyip nötrinonun enerjisini hesapladılar:

$$\nu^{o} \rightarrow p^{+} + e^{-} - n^{o} \qquad (2b)$$

***Ya bu ya da diğeri*** önermesi, politikacılar tarafından, işe yarayabilecek diğer alternatifleri bulanıklaştırmak için sıklıkla başvurulan bir aldatmacadır. Kralın, sadece ***zekî*** insanların görebileceğini iddia ettiği yeni kıyafetini ***görmeyi başaramayan*** çocuğun hikayesi, bize, ***fiziğin temelinin sarsılması*** problemi için üçüncü bir çözümün varlığı konusunda ilham verici olabilir. Kendiliğinden dağılmada gözlemlenemeyen bir parçacığın ortaya çıkması yerine nötron, bir nörtino tarafından yakalanma ya da ona çarpma sonucu momentum ya da enerji kazanmış olabilir:

$$n^{o} + \nu^{o} \rightarrow p^{+} + e^{-} \qquad (3a)$$

Matematiksel fiziğin dilinde zaman bir parçacık değildir; hacmi yoktur ve enerji açısından da tanımlanamaz. Bu yüzden elektrik yükünün, enerjinin ve momentumun korunmasıyla ilgili 1 ve 2 no'lu denklemlerde yer almaz. Bu denklemlerde zaman hiçliktir. Ama aslında zaman hiçlik değildir; bir ölçü birimi olmaktan çok daha fazlasıdır. Zaman kelimesi (İngilizce ***time*** ve Almaca ***zeit)*** Hint-Avrupa kökenli ***dai*** kelimesinden türetilmiştir ve bölünebilirlik ifade eder. Günlük hayat deneyimlerimiz bize zamanın bölünebilir bir şey olduğunu gösterir. Bölünebilir şeyler, bölünemez daha küçük parçacıklardan oluşur. Bu bölünemez unsurlar, yani partiküller, Yunan filozoflarınca nitelendirildiği biçimiyle atomlar ya da bölünemez en küçük zaman parçacığını anlatmak için önerilen adıyla ***krononlar***dır.[9]

***Muhasebe defteri eşitlemesini tutturabilmek*** için, modern fizikte, elektrik yükleriyle, kütle/enerji durumlarıyla, momentumlarıyla ifade edilen çok çeşitli temel parçacık vardır. Temel parçacıkları, değişken enerji yükü taşıyan, değişken kütle/enerji durumunda ya da değişken momentuma sahip en basit maddeler olarak tanımlarsak, o hâlde parçacık fiziğinin bu temel unsurları, krononların çeşitli şekillerde ortaya çıkmış hâlidir ya da krononların oluşturduğu çeşitli kümelerdir.

Modern fizikteki sabitlerden biri, parçacık etkileşimi mekaniğinde kullanılan "Planck Sabiti"dir ki, bu bir Kuantum etkisini dile getirir. Parçacık etkileşimleri, sadece kütle, elektrik yükü ya da dönüş biçimlerine göre değil; frekansları, dalga hareketinde oldukları süre gibi geçici durumları tanımlayan terimlerle de ifade edilmek zorundadırlar.

Kuantum Mekaniği'nde zaman, enerjinin Planck Sabiti'ne (h) bölünmesidir. Kuantum hareket, kuanton denen bir parçacık olarak tanımlandığında, zaman da parçacıksal bir unsura dönüşür.[10] Yani, enerji ve momentum ***muhasebe hesaplarını tutturmakta*** zaman, ***hiçlik*** değildir. Bozulma süreci için bir bekleme süresi vardır. Mesela bir radyoaktif atom bozulmaya başlar, çünkü geçmesi gereken süre dolmuştur. Ayrıca parçacıkların birleşme ya da etkileşimlerinin gerçekleşmesi için geçmesi gereken bir süre vardır ve mesela bu süre fotoelektriksel bir durumda dalga periyodu kadardır.

Geçici değişkenlerle tanımlanan temel bir parçacık hakkında benim fikrim, doğal radyoaktivitenin, ***kronon yakalaması*** olarak tanımladığım hareketin kanıtı olduğudur.

$K^{40}$+ c ® $Ca^{40}$ + $e^{-}$ (1b)

$n^{o}$ + c ® $p^{+}$ + $e^{-}$ (3b)

Şimdi denklemler 3a ve 3b'yi karşılaştırıp bir çıkarım yapmak için matematiksel bir oyun oynalayalım:

$$c = \sqrt{0} \qquad (4)$$

Günlük dilde konuşulan kelimelere dönersek, denklem 4'deki beta çözünmesi yakalanan kronon bir nötrinodur.

Fizikçiler beta çözünmesiyle ilgili muhasebe kayıtlarını tutturabilmek için nötrino aktivasyonunu seçmediler. Görünüşe göre, matematiksel fizik dilinin tuhaf bir grameri var. Sadece muhasebesel hesaplar tutsun diye anti-nötrino ya da anti-maddenin açığa çıktığını farzetmek bilimsel sayılırken, bir aksiyon ya da nötron yakalanımı varsayımında bulunulmadı; çünkü bu, doğrulanamaz bir aksiyonun olasılığı üzerinden kimsenin yapmaması gereken bir ***spekülasyon*** olarak görüldü. Bu muhasebesel hesap tutma mantığı, psikolojik olarak Anglo-sakson yargı sistemiyle ilgili olabilir. Bu sistemde, sanıkların beyaz yalanlar söylemelerine müsamaha gösterilirken, iddia makamının, sadece doğrulanabilir delilleri mahkemece delil olarak kabul edilir; yani kanıtlama zorunluluğu sanığa değil, sadece iddia makamına aittir.

Beta çözünmesinde olduğu gibi, elektorun atımı da bir nötrinonun yakalanması ile açıklanabilirdi, bu durum da nötrino araştırma konusunda yapılan deneylerin temelini teşkil etti. Brookhaven'dan bir ekip, Güney Dakota'daki altın madeninde solar nötrino yayılımını ölçmek için bir dizi deney yürüttüler.

Nötrino hedefi $C_2Cl_4$'den meydana gelir. Güneşten yayılan nötrinolar, bir elektron ve $^{37}A$ oluşturmak için $^{37}Cl$ ile etkileşime girerler. $^{37}A$'nin yarı-ömrü 35 gündür ve ortaya çıkacak şey, elektron yakalanımıyla $^{37}Cl$ oluşturmak için etkileşime girip bozulmaya uğramadan önce tespit edilebilir. Bu deney radyoaktif bozulmanın gelişigüzel ***tünelleme neticeleri*** olmadığının, kronon yakalanmasıyla ya da beta çözünmesi durumunda nötrino yakalanımıyla oluştuğunu göstermez mi? Eğer öyleyse, neden hâlâ sadece ***muhasebe defterlerimizin balansı tutsun*** diye kullandığımız bir araç olmaktan başka bir işe yaramayan anti-nötrinolara ihtiyacımız var?

### *Eşit Olmak mı, Karşılık Gelmek mi?*

Matematikte eşitlik işareti tehlikeli şekilde yanıltıcı olabilir. Çinliler yazılarında bu sembolleri kullanmazlar; onun yerine iki kelimeden oluşan ve ***karşılık gelen*** anlamındaki 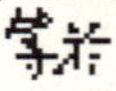 sembolünü kullanırlar. Aslında bu, pek çok durum için çok daha uygundur. Bir dükkana girip 2 frank verip bir somun ekmek aldığımızda, ekmeğin karşılığının 2 frank olduğunu biliriz. Kimse 2 frankın gizemli bir şekilde ekmeğe dönüştüğünü düşünmez. Peki meşhur Einstein denklemiyle ilgili ne düşünüyorsunuz?

$$E=mc^2 \qquad (5)$$

Bize öğretildiği üzere, madde yok edilemez ve enerjiye dönüşür. Maddesel bir şey hiçliğe dönüşür ve hiçliğin içinden o büyük gücüyle nükleer enerji açığa çıkar. Bu varsayım sorgusuz sualsiz kabul görmüştür. Çünkü Batılı her çocuk büyürken Anka Kuşu'nun küllerden doğması masalını dinlemiştir. Biz Çinliler farklı biçimde düşünme eğilimindeyiz. Gözlemlenebilir olmayan da hakikî olabilir. Çincede, öfkeyi ifade etmek için ***sheng-qi*** kelimesi kullanılır. Biri öfkelendiğinde bu sadece bir ruh hâli değişikliği değildir; ***qi*** denen bir maddenin üretimidir de. İste şimdi öfke gerçektir ve ***qi*** sinirli hareketlere, hatta bazen şiddete sebep olur. Kim öfkenin Kuantum hareketin, yani krononların etkileşimi sonucu ortaya çıktığını ya da ***qi***'nin bir insanın öfkeli ya da saldırgan davranmasına sebep olduğunu inkar edebilir?

Denklem 5, muhasebe hesaplarını balansta tutmak için başka bir girişim olarak görülebilir. Dağınık hâldeki atomların kütleleri, fisyon, yani dağılmadan önce ana atomdan daha küçüktür. Çünkü fisyon sırasında muazzam miktarda parçacık, nötron, ısı, ışık, X-ışınları ve ***termonükleer silahların tetiği*** olarak açığa çıkar.

Hesabımızı tutarken şöyle yazarız:

1 somun ekmek=2 frank

2 franka F ve bir somun ekmeğe B dersek, bunu kimse İngilizce'de ya da Çince'de şöyle ifade etmez:

1B = 2F

Finansal bilgiler rakamsal olarak doğrudur, ancak yanlışlanabilir niteliktedirler. Öte yandan, gelir vergisi iadesi gibi finansal rakamlar gerçekle pek örtüşmüyor olabilir. Eğer muhasebe hesabı tutmanın beyhudeliği konusunda tatmin olmadıysak ve Newton fiziğinde bir mana arayışı içindeysek şöyle diyebiliriz:

Temel parçacıklardan (krononlar), ölçülebilir kütlesi olan atomun parçasıydı ve bu küme, ölçülebilmek için çok küçük kütleleri olan paniküllere, yani fotonlar ve muhtemelen diğer krononlara ayrıldı. Böylece parçacıkları bir arada tutan enerji, yayılan partiküllerin kinetik enerjisine dönüştü.

Matematik dilini tercih edenler için denklemi de yazalım:

$m_l = m_2$ (6)

$El = E2 = m1c^2 = m2c^2$ (7)

Denklem 7'deki 3 adet "eşittir" işareti aynı anlamı taşımaz. İlki ve sonuncusu ***eşittir*** anlamındadır, ama ortadaki ***karşılık gelmek*** anlamındadır.

Bazıları, muhasebe hesaplarını balansta tutma derdine düşüp bilimsel arayışın temel gayesini unutmaya başladı. Bilim insanlarınca kibirde ulaşılan son nokta, zamanın fiziğiyle ilgili şu tezde örneklendirilmiştir:[11]

*İzafiyet öncesi fiziğin hatası zamanı insan deneyimiyle yakından ilişkilendirmesiydi... İzafiyet, sürekli hareket eden "şu ânı", evrene ait bir yapı olmaktan çıkarıp, hakikatte ait olduğu yere, yani insan beynine taşımıştır. Fizikte insan zihnine ait kabul edilebilir bir teorinin yokluğunda, fiziksel zaman üzerine yapılacak herhangi bir tartışma "şu ânı" ve zamanın açıkça ileri doğru akışını göz ardı etmek durumundadır, çünkü bu kavramlar sıradan uzay-zaman bağlamında anlamsız kavramlardır.*

***Şu an*** geçmişin anahtarıyken ve geçmiş insan zihni var

olmadan çok önce de varken, yukarıda buyurulan şeyi bir jeoloğun kabul etmesi çok zordur.

## *Modern Bilim Kurumunda Mandarin Düşünce Yapısı*

Toulmin ve Goodfield, Newton dinamikleri ya da Maxwell elektromanyetizminin ödedikleri bedelin, gerçek dünyadan koparılmak olması konsunda yakınırlar.[12] Bu bedel, Richard Feynman'ın gözlemlerine göre, gerçek hayat deyimlerine ait detayların, temel fizik kurallarından uzak tutulması gerekliliğidir. Evet, fizik biliminde her şey ***bir sürü proton, nötron, elektron*** olarak ya da hareket ve elektrik yüklerine göre ifade edilemez, ama matematik dilinin bize mutlaka insanlık, tarih, güzellik ve umut hakkında anlatacağı şeyler vardır. Bu kavramlar bilimsel hakikatle alakasız görünebilir, ama Feynman[5] sorar:

*Hangisi Tanrı'ya daha yakın? Güzellik ve umut mu, yoksa temel fizik yasaları mı?*

Bana bilim insanlarını hatırlatan en sevdiğim hikaye, Baselli bir zihinsel engelli olan Webstüber'inkidir. Çok karanlık bir gece yarısıdır, Webstüber bir ileri bir geri yürüyerek kaybettiği anahtarlarını aramaktadır. Bu sırada da sempatik polis memuru kendisine eşlik etmektedir. Yarım saat beraber aramalarından sonra polis memuru anahtarları nerede kaybettiğini sormayı akıl eder:

"Oh, anahtarlarımı şuradaki karanlık geçitte kaybettim."

"Peki, o zaman neden gidip orada aramıyorsun?"

"Orası çok karanlık. Sokak lambalarının iyi aydınlattığı meydanda daha iyi arayabiliyorum."****

Bilim insanları bir dil icat ettiler ve hikayelerini sadece bu dilde anlatabiliyorlar. Ama dilin sınırlı kelime dağarcığı, güzellik ve umut kavramları için kelimeler barındırmıyor. Onlar da bu yüzden hakikat arayışlarında umut ve güzelliği hariç tutuyorlar.

Paul Feyerabend ölümünden kısa süre önce bana, Avrupa'nın entegrasyonuna karşı olduğunu belirttiği bir mektup göndermişti.

**** Şengör'ün notu: Bu bizde de Nasreddin Hoca'ya atfedilen bir fıkradır.

Avrupa'nın homojenize olmasını, Batı kültürü için sonun başlangıcı olarak görüyordu.

Feyerabend, bilim kurumunda polemik yaratma konusunda oldukça iyiydi.[13] Kaliforniya'da Evrim Teorisi'ni ders kitaplarından çıkarttırıp, İncil'den yaratılışa dair bir bölümü koydurmayı başaran kökendincileri tebrik ettiğinde Feyerabend'e çok kızmıştım. Daha sonra, Amerikan Ulusal Akademisi'ne seçilmiş, yüksek mertebede bir evrim paleontoloğu olan yakın arkadaşımı, yaratılışçı bir yazarla beraber çalışacağı bir kitaptan vazgeçirmek için ikna etmem gerektiğinde artık Feyerabend'e kızgın değildim. İkimiz de meslektaşlar tarafından eziyet çektirilmenin ve ağır cezalara çarptırılmanın ne demek olduğunu iyi biliyorduk.

Üniversiteye girerken, bilim okuma idealimde hiç tereddüt etmedim. Ben bir idealisttim, bir misyonum vardı, hayatımı topluma ve insanlığa adamayı seçmiştim. Düşündüğüm şey bilimin insanlık için bir lütuf olduğuydu. Bilim bize teknolojiyi vermişti; teknoloji de bize kıtlığı bitiren Endüstri Devrimi'ni, salgın hastalıkları sonlandıran ilaçları ve sıcak savaşlardan vazgeçmemizi sağlayan silah teknolojisini vermişti. 50 yıl sonra, emekliliğime az zaman kalmışken, olayları başka şekilde görmeye başladım. Teknoloji bize gecekondu mahallelerini, işsizliği, Çernobil'i verdi, hem de 3. Dünya ülkelerinde açlığa çare bulmadan. Teknoloji bize gerontoloji (yaşlılık bilimi) ve nüfus patlamalarını vermişti, ama Afrika ve Kuzey Asya'da AIDS'in yayılmasına çare bulmamıştı. Teknolojinin bize verdiği korkunç silahlarla bu yazı kaleme alınırken bile, Bosna'da, Ruanda'da, Kamboçya'da insanlar öldürülüyor. Ve bilim teknolojinin kölesi hâline gelmiş durumda.

Bilim kurumu, kendisininkinden başka hiçbir dilin, Bakunin'in sözleriyle, "daha aristokratik, despot, kibirli ve tüm rejimlerin en elitisti" olmadığını fark etmiştir.[14] Bilim pek çok ideolojiden ve bilimin dili pek çok dilden biridir. Feyerabend dinde totalitercilik hakkındaki uyarısında şöyle demiştir:

*Bu uyarı sadece (Jonestown cinayetlerini dikte eden) Papaz Jones gibi dini liderler için değil, aynı zamanda filozoflar, Nobel ödüllüler, Marksistler, liberaller, eğitim kurumları ve eğitim temsilcileri içindir. Gençler sözüm ona öğretmenler tarafından manipüle edilmemek için güçlendirilmelidirler. İdeolojiler, ancak diğer ideolojilerle beraber yol alırlarsa harikadırlar. Aksi hâlde, müritleri karşıt fikirleri yok etme çabasına girdiğinde, ideolojiler sıkıcı doktirinlere dönüşür.*

Parçacık fiziği konusunda üst düzey akademisyen bir arkadaşım var. Ona büyük hadron çarpıştırıcısını yapmak için neden milyarlar harcamamız gerektiğini sordum. O da bana "Orta Çağ'da insanların güzellik abidesi olarak katedraller inşa etmesi gibi, şimdi biz de hızlandırıcılar inşa ediyoruz." dedi.

Genç akrabalarımdan birinin sanata yatkın bir mizacı var ama fizik okumaya karar verdi, sonradan da müzisyen oldu. Ona hayattaki arayışının ne olduğunu sordum:

"Biz müzisyenler hakikati ararız." dedi.

Bugün pek çok genç insan, tıpkı geçmişte benim oluğum gibi, idealist ancak bilim alanından bir kariyer tercih etmiyor. Güzelliğin yüzeysel tezahürüyle ilgilenmiyorlar, içinde insanlık ve tarihle ilgili hiçbir şey barındırmayan, söz dağarcığını güzellik ve umut kelimelerinden arındırmış, zamanı insan zihninin bir yanılsaması olarak gören bir dilde asla bulunamayacak hakikati arıyorlar. Merak ediyorum, bizim neslimizin genç asileri Isaac Newton'un neden Çinli olmadığı sorusuna bir cevap buldular mi? Bilimsel devrim Çin'de olmadı, çünkü gerçekten yetenekli olanlarımız şair, ressam, yaratıcı yazar oldular. Onlar Konfüçyüs akademik geleneğince bastırılmamayı seçtiler.

Çeviren: Başak Karal

# *NOTLAR*

1. Hsü, K. J. (1979) Thin-skinned plate-tectonics during Neo-Alpine orogenesis. American Journal of Science, 279, 353-366.

2. Hsü, K. J. (1981) Thin-skinned plate-tectonics model collision-type orogenesis. Scientia Sinica, 24, 100-110. (1992) Proc. Natl. Acad. Sci. 89, 10222.

3. Kramer, S. N. (1963) The Summerians (Univ. Chicago Press, Chicago), 355 pp.

4. Norman, J. (1988) Chinese (Cambridge Univ. Press, Cambridge, UK), 292 pp.

5. Feynman, R. (1965) The Character of Physical Laws (M. l. T. Press, Cambridge Mass.), 108-126.

6. Hawking, S. ( 1988) A Brief History of Time (Bantam Press, London), 198 pp.

7. Feyerabend, P. (1988) Against Method (Verve, London), 296 pp.

8. Krauss, L.M. The Fifth Essence: The Search for Dark Matter in the Universe (Basic Books Publishers, New York) 341 pp.

9. Hsü, K. J. (1992) In search of physical theory of time, Proc. Natil. Academy of Sciences, 89, 1022210226.

10. Levy, J.-M. and Balibar F. ( 1990 ) Quantics (North Holland, Amsterdam), 53g pp.

11. Davies, P. C. W. The Physics of Time Asymmetry (Univ. Calif. Press, Berkeley), 214 pp.

12. Toulmin, S. and Goodfield, J. (1965) The Discovery of Time (Univ. Chicago Press, Chicago), 280 pp.

13. Feyerabend, P. (1975) How to Defend Society against Science, Radical Philosophy 2, 4-8.

14. Bakunin on Anarchy, translated by S. Dolgoff, New York 1972, p. 319.

## *Newton Neden Çinli Değildi?*
## *(ve Neden Türk Değildi?)*[II]

Dünyanın yaşayan en büyük jeologlarından biri olan dostum Prof. Dr. Kenneth Jinghwa Hsü 1994 yılında Zürih'in meşhur Federal Politeknik'inden (Eidgenössische Technische Hochschule) yaş haddi nedeniyle emekli oldu. Âdet olduğu üzere bir veda konuşması yapması gerekiyordu. Ben de bu konuşmayı dinlemek ve Ken'in emeklilik törenine iştirak etmek üzere Zürih'e gittim. Ken'in veda konuşması için seçtiği konu çok orijinaldi: Newton neden Çinli değildi? Kendisi 1929 yılında Çin'in Yangtze Yangzhou şehrinde doğmuş olan Ken, üniversite tahsili için ABD'ye gelmiş, ülkesi Mao'nun eline geçince de bir daha geri dönmemişti. 1966 yılında ABD'den İsviçre'ye gelerek buraya yerleşmişti.

Ken'in veda konuşmasındaki tezi kültürün insan düşüncesi üzerindeki egemenliğiydi. Newton Çinli olamazdı, çünkü Çin kültürü bağımsız düşünceye değil itaate, geleceğe değil geçmişe, yaratıcılığa değil otoriteye değer veriyordu. Bu değerlerin egemen olduğu bir ortamda insanın en temel inanç ve önyargılarını kökünden sorgulayacak bir bireyin çıkması beklenemezdi. Çıksa bile böyle birisinin toplumda başarılı olma şansı olamazdı. Ken, içinde büyüdüğü kültürü Batı kültürü ile karşılaştırarak, kendi kültürünün niçin sonunda Batının bir sömürgesi olduğunun nedenlerini irdeliyordu. Bu ilginç konuşma beni çok düşündürmüştü. Ken'in Çin toplumu için söyledikleri neredeyse bire bir Türk kültürü için de geçerliydi.

Geçen gün Utah eyaletindeki Salt Lake City'deki bir sahafın web sitesinde uzun yıllardır aradığım bir kitabı buldum ve hemen satın aldım. Büyük jeolog ve coğrafyacı John Wesley Powell'in 1869, 1870, 1871 ve 1872 yıllarında Colorado'nun meşhur kanyonunda yaptığı keşif gezilerinin toplu raporu mahiyetinde olan 300 küsur sayfalık bu büyük klasiği üç gecede hatmettim. Raporun ilk kısmı gezilerin bir günlüğü, ikinci kısmı ise bilimsel sonuçların özeti olarak düzenlenmiş. Bilimsel sonuçlarda neler olduğunu zaten biliyordum. Ama günlüğü ilk defa okuyordum.

Günlüğün beni en çok etkileyen kısmı Powell ve arkadaşlarının yalnız öğrenmek, yalnız bilmek uğruna her gün kaç defa yaşamlarını tehlikeye attıklarıydı. Bu öğrenme dürtüsü, bu sonsuz bilgi susuzluğu tamamen kendi kişisel meraklarının sonucuydu. Amerikan hükümeti kendilerine böyle bir keşif gezisi görevi vermemişti. Powell, yaşamını kimbilir kaç defa tehlikeye atacağını bildiği bu görevi kendi ısrarlarıyla koparabilmişti. Bölgede yaşayan kızılderililer kanyonun geçilemez olduğunu, boşu boşuna hayatlarını tehlikeye atmamalarını söylemişlerdi Powell ve arkadaşlarına. Hâlbuki bu bir avuç adam yalnızca bilgi uğruna kanyonun tehlikeli sularına atılmakla kalmamışlar, adım başı yüzlerce metre yükseklikteki tehlikeli yarların tepelerine koca koca ölçüm aletleriyle tırmanarak gözlemler yapmışlardı. Ya Powell? Sağ kolunu Amerikan İç Harbi'nde kaybetmiş olan bu bilim tutkunu binbaşı tek koluyla kızılderililerin çıkmayı göze alamadığı uçurumlara tırmanıp gözlemler yapmıştı.

Türk tarihinde tek bir Powell yoktur! Peki Türkler idealleri uğruna yaşamlarını vermezler mi? Tabiî ki verirler. Gelibolu, Kurtuluş Savaşı bu tür destanlarla dolu değil midir? Cahil erlerin Cennet uğruna öldüklerini düşünsek bile okumuş subaylara ne diyeceğiz? Atatürk? Bu insanlar kendi idealleri uğruna ölmeye her an hazır kişilerdi. Türklerle Powell arasındaki fark yaşamı feda edecek kadar güçlü ideallere sahip olup olmamakta değil, ideallerin ne olduğundadır. Türk doğduğu günden beri vatanı, milleti, ailesi, dini için ölmenin fazileti hakkında eğitilir. Şehadet kavramı Türk'ün yaşamında son derece önemli bir yer tutar. Türk, kişiliğini aradan silip toplumunu, çevresini yaşatmak için yaşamaya ve ölmeye programlanır. Yüzlerce yıllık kulluğun doğal bir uzantısıdır bu.

Powell için amaç yaşamı yalnızca korumak değil, yaşamın değerini ve kalitesini arttırmaktır. Powell, kendini kul değil, patron olarak görmeye programlanmıştır. Kızılderililer'e keşif gezisinin amaçlarını anlatırken, zavallı yerlilerin bu bilme, anlama, kontrol etme hırsını anlamakta çektikleri güçlük, Batı kültürü ile bilim dışı diğer kültürlerin farkını çok güzel vurgulamaktadır. Powell bilmeyi, öğrenmeyi, anlamayı, doğanın hakimi olmayı her şeyin üzerinde tutmaktadır. Bilmeden, anlamadan, hayvan gibi yaşamaktansa ölmek yeğdir onun için. Bu bilme, öğrenme işinde Powell kendi duyuları ve aklından üstün hiçbir otorite tanımamaktadır. O, yerliler gibi Colorado Kanyonu'nun oluşumunu mitoloji ve masallarla değil, bizzat gidip görerek, ölçerek, inceleyerek, irdeleyerek öğrenmek arzusundadır. Bunun için hiçbir fiyat çok yüksek değildir! Bugün dünyaya egemen olan, insan toplumunu tarihindeki herhangi bir zamandan daha emin, daha hür, daha rahat, daha zengin yaşatan bilim temelli insan uygarlığı, Powell'ların omuzlarında yükselmiştir. Kolomb'lar, Magellan'lar, Galilei'ler, Bruno'lar, Cook'lar, Scott'lar, Amundsen'ler insan aklının ve gözleminin hürriyeti ve saygınlığı uğruna yaşamlarını hiçe sayan tüm kahramanlar bu uygarlığın yaratıcılarıdır. Bu kahramanların değerleri topluma aşılandığı sürece toplum yücelecek, gelişecektir.

## *Çin'de Bilim*[III]

1980 yılında ilk kez Çin Halk Cumhuriyeti'ne gittiğimde, karşımda bulduğum dev ülke, fakir ve geri kalmış bir toplum, vatandaşlarına nefes alma şansı vermeyen totaliter bir devlet ve dünya ile ilişkisi olmayan bir entelektüel sınıftan oluşmaktaydı. Kültür Devrimi denen akıl ve bilgi düşmanı gerici hareket ülkenin elde olan entelektüel sınıfının önemli bir kısmını eritmiş, geri kalanların cesaretini kırmıştı. Bizlere ev sahipliği yapan bilim adamlarından pek çoğu bu konuyu açmaya bile korkuyorlardı.

Ancak söylenilen az şeyden, başlarına gelenin çokluğu şüphe götürmüyordu. Fakat havada bir değişim kokusu olduğu kesindi. Çinli meslekdaşlarımız jeolojide çağın çok, ama çok gerisindeydiler. "Bir milyon Jeolog" yetiştirmiş olmakla övünen Mao'nun Çin'inin gösterecek kaliteli jeolojik eserleri yok gibiydi, fakat Çin bunun farkındaydı ve değişme azmindeydi. Bu azmi yeni güçlü adamları Deng Xiaoping'in yeni politikasından alıyorlardı. Deng, ABD'nin o zamanki başkanı Richard Nixon ile el ele kapalı Çin'i dünyaya açmış, politika dışında birey özgürlüğünü ve teşebbüs serbestisini ülkesine getirmeye karar vermişti.

1980-1994 yılları arasında hemen her yaz bir-birbuçuk ayımı Çin'in çeşitli bölgelerinde jeolojik araştırmalar yaparak geçirdim.

Bu dönemde Çinli jeologların uygar ülkelerin jeologlarıyla

temasları arttı, Çin ellili, altmışlı ve hattâ yetmişli yıllarda içine gömüldüğü karanlığı sıyırmaya başladı.

Çinli bilim adamları da uygar ülkelere uzun seyahatlar yapmaya, oradaki meslekdaşlarıyla birlikte çalışmaya, buralara öğrencilerini giderek artan sayılarda göndermeye başladılar. 1940'larda ülkelerini terk eden ve uygar dünyada büyük şöhret kazanan Çinli bilim adamları tek tek ülkelerine -temelli olmasa da- araştırma yapmak, konferanslar vermek ve bilhassa gençleri yetiştirebilmek için dönmeye başladılar.

Bu arada Çin, endüstrisinin gelişmesine de önem verdi. Ülkeye müthiş bir yabancı sermaye akımı başladı. Yatırımcı ve müteşebbisin önündeki eski engeller hızla ve efektif bir şekilde kaldırılıverdi. Çin hızla zengin oldu

Son gezimde (2006) Çin'in bu zenginliğinden gelen sermayeyi nereye yatırdığını görerek hayretler içinde kaldım. Fakirlik ve pislik içindeki Jeoloji Enstitüsü birkaç yıl içinde bırakın Amerika'yı, Avrupa'daki muadillerini bile kıskandıracak bir temizlik ve güzelliğe bürünmüştü. İçine en yeni araç ve gereçler yerleştirilmiş, enfes bir kitaplıkla donatılmıştı. En önemlisi, her odasından, iyi maaş alan genç araştırıcı fışkırıyordu. Çinli araştırıcılar, uluslararası toplantılara katılıyorlar, bunların bazılarını kendi ülkelerinde düzenliyorlardı. Uluslararası atıf endeksinde Çin'in aldığı atıflar muazzam bir hızla artıyordu.

Ne değişti Çin'de diye düşündüm. 1980'den bu yana değişen en mühim şey kafalardı. Çin'de eğitim görmüş, Mao'nun içine kapattığı, entelektüellerini boğduğu Çin idaresi yerine, Fransız eğitimi görmüş Deng'in Çin'i uygar ülkeler kardeşliğine açan, insanın yaratıcılığına güvenen ve bilimi ülkesi için en önemli kılavuz addeden yönetimi gelmişti. Deng ölmeden ülkesine tam bir demokrasi veremedi. Bu da hâlâ Çin'de yolsuzlukların tam soruşturulamamasına neden oluyor. Ancak Çin'in bu beladan da en kısa sürede kurtulacağına kimsenin şüphesi olmasın. Yeter ki, Çin en hakiki mürşidin fen ve bilim olduğu fikrinden sapmasın.

## *Büyük Petro'nun Ölmeyen Mirası: Rus Bilimi*[IV]

Geçtiğimiz yıllarda bir Moskova seyahati gerçekleştirdim. Seyahatin amacı, Altay Dağ Sistemi hakkında yapılan araştırmaların tarihçesini incelemek, Moskova'daki arşiv ve kütüphaneleri ziyaret etmekti. Bu nedenle, İTÜ profesörlerinden meslekdaşım Boris Natalin ile hem Rus Bilimler Akademisi'nin Litosfer ve Jeoloji Enstitülerini ziyaret ettik hem de Akademi'nin jeoloji kütüphanesinde çalıştık. Bir günümüzü de Moskova Lomonosov Üniversitesi Jeoloji Tarihi bölümünde geçirdik.

Moskova'daki izlenimlerimin hepsini anlatmaya sayfalar yetmez. Her bir gün ayrı bir mutluluk tattık. Her şeyden önce bize gösterilen misafirperverlik, dostluk olağanüstüydü. Litosfer Enstitüsü müdürü Nikita Bogdanov enstitüsünün imkânlarını emrimize verdi. Kütüphanede, müdür Mikhail Postelnikov aslında okuyuculara kapalı olan nadir eserler bölümü raflarını bizlere açtı. Sonra oradan seçtiğimiz eserlerden içinden fotokopi yapılmasını istediklerimizin fotokopisini (bu da aslında yasak olduğu için) bizzat yaptı. Jeoloji enstitüsünde istediğimiz kitaplar bir gün içinde temin edildi, bunları bavullarımıza doldurup geldik.

Her şeyden önce Rus Bilimler Akademisi kütüphanesinin zenginliğini vurgulamalıyım. İstediklerimizin çoğunu bulduk. (Gerçi Rus dostlarımız istediklerimizin hepsini bulmak için

St. Petersburg'a gitmemizi salık veriyorlardı. Oradaki Jeoloji Servisi'nin ve Coğrafya Cemiyeti'nin kütüphane ve arşivlerinin Moskova'dakilerden çok daha zengin olduğunu söylüyorlardı.) Kütüphanede çalışan bayanların bilgisine hayran oldum. Aradığım kitapların çoğunu Suess'un *Das Antlitz der Erde*'sinin kaynak listelerinden derlemiştim. Suess orijinal Rusça dergi ve kitap isimlerini de Almanca'ya çevirerek verdiği için, elimde Rusça orijinaller yoktu. Fakat kütüphaneci bayanlar, Almanca çevirilerden derhal Rusça orijinalleri tanıyıp bana istediğim tüm dergi ve kitapları buldular.

Jeoloji Enstitüsüne kütüphanede saat 5'te işimiz bitince gidiyorduk. Hangi saatte gittiysek enstitüde kapılar, elektrikler açık, millet işinin başında çalışır hâldeydi. Bu sefer bilhassa dikkatimi çeken husus genç araştırıcı sayısındaki artıştı. Sovyetler Birliği döneminde bu enstitüyü iyi tanıyordum. Araştırıcılar orta yaş ve üstünde, ortam daha soğuktu. Şimdi ise enstitü tam anlamıyla cıvıl cıvıl. Maaşların Türkiye'dekilerden bile düşük olduğu, pek çok kişinin iki işte çalışmak zorunda olduğu bu enstitü, dünyanın en ileri gelen yerbilimi araştırma kurumlarından biri olma özelliğini sürdürüyor.

Moskova Üniversitesi ise her zaman olduğu gibi büyük bir etki bıraktı üstümde. Daha önceki ziyaretlerimde vakit bulup gezemediğim Jeoloji Müzesi'nde pek çok büyük Avrupalı jeolog arasında El Biruni'nin kocaman büstünü de hayretle gördüm. Beni gezdiren Prof. Kovalev'e aslen Türk ve Müslüman olan El Biruni'nin bir büstünü hiçbir Türk jeoloji kuruluşunda görmediğimi söyledim. Bu sefer o hayret etti! Üniversite'deki dostlarıma her zaman olduğu gibi aramakta olduğum, baskısı tükenmiş eski Rus kitaplarından bahsettim. Beni üniversitenin sahafına götürdüler. İçi öğrenci ve hoca kaynayan modern bir sahaf dükkanı. Üniversitede bundan iki tane varmış. Ötekine vakit darlığından gidemedik.

Üniversitenin kafeteryası modernleşmiş, güzelleşmiş. Öğrencilerin kıyafetleri Avrupa'nın herhangi bir şehrini aratmayacak düzeyde (Amerikalılardan çok daha zevkli ve düzgün giyiniyorlar). Tesadüf, bir biyoloji öğrencisi Boris'in tanıdığı çıktı, kendisiyle ayaküstü sohbet ettik. Bilgisine ve ilgisine hayran oldum.

Bu gezimde Rus biliminin silkinip yeni bir atılım içinde olduğunu mutlulukla gözledim. Rusya ile Türkiye'nin dostluğunda Türkiye için ne büyük yararlar olduğunu düşündüm. Onların Petro'su bizim Atatürk'ümüz gibidir. Her iki ulus da iki büyük akılcı önder liderliğinde Doğu'nun miskinliğinden sıyrılıp Batı uygarlığına katılma savaşı vermiştir. Rusya bu savaşı kazanalı çok oluyor. Türkiye'nin henüz sürdürdüğü bu savaşta en çok yararlanacağı, en çok dostluk göreceği ülke, hiç kuşkunuz olmasın ki Rusya'dır. Yeter ki onların bize samimiyetle uzatmak istedikleri eli sıkmayı bilelim. Avrupa'ya dahil olmanın anahtarlarından biri de Rusya'dır, bunu asla unutmayalım.

## *Doğayı Anlamak mı, Değiştirmek mi?*[V]

19. yüzyılın en belirgin vasfı insan marifetine, insan bilgisine, bu bilginin sarsılmaz kökleri olduğuna duyulan sınırsız güvendi. Bilen insan her şeyin hâkimi olarak görülüyordu. Bu engin güven, en güzel ifâdelerini hiç kuşkusuz Jules Verne'in romanlarında, bilhassa *Balonda Beş Hafta* (1863), *Ay'a Seyahat* (1865), *Denizler Altında Yirmibin Fersah* (1870), *Esrarengiz Ada* (1874-1875), *Havalar Hâkimi* (1886) gibi şaheserlerde bulmuştur. Karl Marx'in "Filozoflar bugüne kadar dünyayı yalnızca değişik şekillerde yorumlamakla kaldılar, hâlbuki yapılması gereken onu değiştirmektir"[1] sözü aynı sınırsız güvenin bir başka şekilde dile gelmesidir.

Fakat doğa bilinmeden, yorumlanmadan değiştirilebilir mi? Tabiî değiştirilebilir. Benim gibi, eski Sovyetler Birliği'nin geniş arazisinde dolaşmış olanlar hemen her adımda bir doğa katli, bir çevre felâketiyle karşılaşmaya alışmışlardır. Radyasyondan artık ayak basılamayacak derecede kirlenmiş olan Novaya Zemlya, petrol ürünlerinin kontrolsüz akışıyla boğulmuş Batı Sibirya, nükleer dahil her türlü endüstriyel ürünün ağırlığı altında can çekişen Karadeniz, Baykal Gölü, akılsız, plânsız tarımın çöle çevirdiği Aral Gölü... Bunlar doğaya bilinçsizce, yarım yamalak bilgilerle saldırmanın acı faturaları. Fakat doğa hakkındaki bilgi

1 *Die Philosophen haben die Welt nur verschieden Interpretiert, es kömmt drauf an, sie zu verändern (Thesen Uber Feuerbach,* 1845, İlkbahar, Brüksel, 1888)

"tamamlanabilir mi?" Doğa bilimlerinde tekil nesneler dışında, doğal süreçler hakkındaki bilgilerimizin hepsi varsayımsaldır, çünkü hepsi gerçek bilgimizi kat kat aşan kapsamdadırlar. Hemen hiçbir doğal sorunla ilgili tüm verileri görüp irdelediğimizi iddia edemeyiz. Bilim bir varsayımı çürütüp diğerine tırmanarak yücelir.

Tüm bilgilerin bu denli nâzik olması, onları kullanarak doğaya müdahalede çeşitli boyutta riski göze almak demektir. Günümüzdeki küresel ısınma, endüstri devriminin önceden kestirilemeyecek bir sonucuydu. Yaşamımızı renklendirip kolaylaştıran aerosollerin ozona saldıracağı kimin aklına gelirdi? Ya plâstik? Bu sihirli maddenin çevreyi bu denli tahrip edeceği mi düşünülebilirdi? Keyif veren tütünün amansız bir katil olacağı nasıl öngörülebilirdi? Hele kaos kavramının bizlere öğrettiği, başlangıç koşullarındaki en küçük belirsizliklerin, süreçlerin gidişini büyük ölçüde etkilediği gerçeği, deterministik (yani kuramsal olarak önceden kestirilebilir) olayların dahî seyrini tahmin etmenin olanaksız olduğunu gösterdi.

Bu demek değildir ki, olayların gidişini kesinlikle bilemeyeceğimiz için kollarımızı kavuşturup hiçbir şey yapmadan oturalım. Artık doğayı değiştirmeden yaşam kalitemizi arttırmaya devam edemeyiz. Ama bilgi eksikliğimiz ve bunu "tamamlamanın" imkânsızlığı, bizi doğayı olabildiğince iyi, detaylı bir şekilde ve sürekli yorumlamaya davet ediyor. Bunu en iyi şekilde yapmaya çalışırken, bir yandan da yaşam kalitemizin arttırılması için elzem olan değişiklikleri asgarîde yapmaya çalışmalıyız. Bu yüzden Türkiye'de nükleer enerjiye şimdilik karşıyım. Ve bu yüzden, doğaya müdahale konusunda çağının aşırı iyimser determinizminin ve Engels'le mektuplaşmalarından görüldüğü kadarıyla kendi doğa bilimi bilgisi yetersizliğinin[2] kurbanı olan Marx'in tam tersini düşünüyorum: "Filozoflar doğayı mümkün olduğu kadar detaylı bir şekilde yorumlama çabalarını sürdürmelidirler. Amaç, bu çabaların ışığında doğayı insan rahat ve emniyeti ile uyumlu olabilecek bir şekilde mümkün olduğunca değiştirmemeye çalışmaktır." Acaba Jules Verne *Begüm'ün 500 Milyonu*

2 Bilhassa şu esere bkz. Reiprich, K., 1969, *Die Philosophisch-naturwissenschaftlichen Arbeiten von Karl Marx und Friedlich Engels: Dietz Verlag, Berlin, 144 ss.*

(1878) adlı eserinde doğa bilimci Dr. Sarrasin ile mühendis Prof. Schultze tezadı vurgusuyla bunu mu dile getirmek istiyordu?

## *Jules Verne Niçin Türkiye'ye Yabancı?*[VI]

2005 yılı büyük bilim romancısı Jules Verne'nin ölümünün 100. yılıydı. Bu nedenle tüm uygar dünyada ve özellikle vatanı Fransa'da muazzam kutlamalar yapıldı, konferanslar verildi, sergiler açıldı, büyük dâhinin eserlerinin yeni baskıları çıktı ve kendisi hakkında sayısız kitap yazıldı. Çok mutlu bir rastlantı olarak ben de 2004-2005 akademik yılını Paris'te Fransa'nın bir akademisyene verebileceği en yüce mevkilerden birinde, Collège de France profesörü olarak geçirdim. Collège de France'dan çıkar, Rue Saint-Jacques'dan aşağı yürürseniz, Saint-Germain Bulvarına varırsınız. Bu bulvarın karşı tarafında Floransa'lı ölümsüz şairin adını taşıyan Rue Dante'ı bulursunuz, buradan girerseniz, sonunda Rue Dante, Aydınlanmanın dâhi bir matematikçisinin adını taşıyan Rue Lagrange ile buluşur. İşte o noktada karşıya baktığınız zaman, kapısı daima kilitli olan eski stil bir kitapçı dükkanı görürsünüz. Üzerinde iri, fakat gene eski stil beyaz harflerle bordomsu kahverengi bir zemin üzerinde "Librairie Jules Verne" (Jules Verne kitapçısı) yazmaktadır. Kapısının daima kilitli olması, dükkanın çalışmadığını göstermez. Yirmi küsur yıldır Librairie Jules Verne'in sahibi ve Fransa'nın (belki de dünyanın) en önemli Jules Verne uzmanı olan Bay Michel Roethel, müşterileriyle yalnızca randevu üzerine buluşmayı tercih etmektedir.

Bay Roethel'in müşterileri dükkânın önünden geçerken bir anlık bir dürtüyle içeri dalıp kitap alacak cinsten insanlar değillerdir. Her biri ya ciddî bir Jules Verne romanları kolleksiyoncusu ya Jules Verne'nin herhangi bir eserinin nâdir bir baskısını arayan bir meraklı ya da Jules Verne'nin sayısız yanlarından biri üzerinde çalışmakta olan bir akademisyendir. Dünyada yapılan Jules Verne sergilerinde veya baskılarında Bay Roethel genellikle danışmanlık yapar; bu konudaki hemen her mezat için onun fikri sorulur. Ve bu 79 yaşındaki delikanlı her zaman pek meşguldür. Bu nedenle de dükkanına gelecekleri ancak randevuyla kabul edebilmektedir. Fakat yeni Jules Verne tutkunlarını geri çevirmemek için kapısında daima randevu alınacak telefonu asılı durur.

Ben Mösyö Roethel'i uzun yıllar önce tanımıştım. Collège de France'a gidişim kendisini daha sık aralıklarla görmeme imkân verdi, arada bir eşini de aramıza alarak hep birlikte öğle yemeğine gittik.

Bu biraraya gelişler esnasında Bay Roethel'in bilhassa 2005 yılında ne kadar meşgul olduğunu gördüm. Bu sayede de Jules Verne'in 100. ölüm yıldönümünde tüm dünyada onun için yapılan faaliyetler hakkında bilgi sahibi oldum.

Her ne hikmetse Türkiye'den gelen ne bir rica ne de bir haber vardı. Bay Roethel, Jules Verne'nin Türkiye'de bilindiğini bildiğini, hattâ Osmanlıca tercümleri hakkında bilgi sahibi olduğunu bana söyledi. Ben de kendisine TÜBİTAK'ın AKP'nin yasadışı darbesinden önceki zamanında Jules Verne'nin *Yirminci Yüzyılda Paris* ve *Magellania* adlı romanlarını Türkçe'ye çevirttiğini söyleyerek kendisine bunlardan birer nüsha getirttim. Mösyö Roethel, bunları derhal vitrinine koydu.

Mösyö Roethel'in yönlendirmesiyle, eşim, oğlum ve şoförümüz Cevdet'le önce Profesör Doğan Kuban ve Profesör Canan Erzan'ın da eşliğinde büyük dâhinin ömrünün en verimli yıllarını geçirdiği ve gömülü olduğu Amiens'e gittik, Jules Verne sergisini gezdik. Daha sonra doğduğu ve çocukluğunu geçirdiği liman şehri Nantes'a gittik, oradaki sergileri gezdik, doğduğu ve oturduğu evleri bulduk.

Bu çevrelerin hiçbir olağanüstülüğü yoktur. Nantes orta işleklikte bir Avrupa liman şehri, Amiens de güzel ve meşhur bir katedrale sahip bir taşra kentidir. Fakat buraları dünyada uygar insanların belleklerine kazıyan, büyük hemşehrileri Jules Verne'dir.

Jules Verne Aydınlanma Çağı'nın romantizmin doğa aşkıyla zenginleştirilmiş olağanüstü bir ürünüdür. Yazarlık yaşamına tiyatro eserleri yazmakla başlamasına rağmen onu bütün dünyada tanıtan, yayımcı Hetzel ile birlikte başladığı *Olağanüstü Geziler* serisi romanlarıdır. Bu romanların konusu genellikle bir keşif gezisidir ve bu keşif gezisi ya olağanüstü yerlerde olağan şartlarda ya olağan yerlerde olağanüstü şartlarda ya da olağanüstü yerlerde olağanüstü şartlarda yapılan ve bilimin yönlendirdiği gezilerdir. İlk romanı *Balonda Beş Hafta*'nın konusu, o zaman iç kesimleri henüz uygarlığa açılmamış olan Afrika'nın doğudan batıya balonla geçilmesidir. Roman kahramanı Dr. Fergusson bir İngiliz olup, balonun düşey hareketini safra atmadan ayarlayacak bir sistemin kâşifidir. Bu sâyede balon alizelerden yararlanarak uzun mesafeler katedebilecektir. İkinci roman *Kaptan Hatteras'ın Maceraları* bir kutup gezisini anlatır; üçüncü romanda kahraman jeolog Profesör Lidenbrock'u dünyanın içlerine doğru izleriz ve romanın ilk baskısıyla resimli ikinci baskısı arasında, o zaman alevlenen insanın kökeni hakkındaki tartışmalarda yazarımızın insan soyunun Dördüncü Zamanın nesli tükenmiş hayvanlarla bir arada yaşamış olduğunu savunanları tarafını tutarak kitaba bu konuda iki yeni kısım eklediğini görürüz. Jules Verne'nin tarafını tuttuğu kişiler insanın tanrının özel bir yaratığı olduğu inancına son darbeyi vuran bilim insanlarıydı. Jules Verne hiç tereddütsüz bu grubun yanında yer almıştır; o kadar ki bunu romanında da vurgulamak istemiştir.

Jules Verne'nin belki de en meşhur eseri *Denizler Altında Yirmibin Fersah*'tır. Burada herkesin hemen üzerinde odaklandığı şey tabiî ki elektrikle çalışan olağanüstü denizaltı gemisi Nautilus'tur. Fakat romanın kahramanı, Nautilus'un yaratıcısı Kaptan Nemo, Jules Verne kahramanları arasında beni en çok etkileyen, yaşantıma yön ve hedef verenlerden biriydi. Kaptan Nemo, eline düşen bir Fransız, bir Belçikalı ve bir Kanadalı'nın kendisine hitap ettikleri Fransızca, Almanca, İngilizce ve Lâtince'yi çok iyi konuşabilmektedir. Ancak adamlarıyla konuştuğu zaman, misafirlerinin anlayamadıkları, onlara tamamen yabancı gelen bir dil kullanmaktadır. Bu ilginç kişi, Londra, Paris ve New York'ta mühendislik tahsil etmiştir. Denizaltısında onikibin ciltlik bir kütüphane bulunmaktadır. Bu kütüphanede politik ekonomi dışında her konuda üstün kaliteli kitaplar vardır. Ayrıca Denizaltı içinde deniz mahsullerinin sergilendiği küçük bir müze ve Fransız misafirinin ağzını açık bırakacak zenginlikte bir san'at kolleksiyon bulunmaktadır. Gemideki org üzerindeki partisyonlar ve Kaptan'ın org başına geçip çaldıkları bu kişinin derin bir müzik kültürüne de sahip olduğunu göstermektedir.

Kaptan denizaltısını kullanarak bilimsel araştırmalar yapmaktadır. Ama bu, faaliyetinin yalnızca bir cephesidir. Fransız misafiri Profesör Arronax, Girit güneylerindeyken kaptanın Matapan Burnu civarında Yunanlı bir yüzücüyle işaretleştikten sonra bir sandık dolusu külçe altını bu kişiye teslim ettirdiğine şahit olur. Belli ki kaptan Osmanlı'ya karşı savaşan Girit Yunanlılarına yardım etmektedir. Kendisine bunun nedeni sorulduğu zaman kaptan dünyadaki tüm ezilenlerin yanında olduğunu söyler (Jules Verne daha sonra Yunanlıların Osmanlı'ya başkaldırışını *L'Archipel en Feu,* yani *Ege Alevler İçinde* romanında tamamen Yunanlıların tarafını tutarak işlemiştir; bu romanın Türkçesini hiç görmedim ve tercüme edilip edilmediğini bilmiyorum). Filhakika, Hindistan güneyinde yaşamı pahasına zor şartlar altında üç lokma ekmek için çalışan bir inci avcısını bir köpekbalığının elinden kurtardıktan sonra Profesör Arronax, Kaptan'ın adamın avucuna son derece değerli incilerle dolu bir torbacık sıkıştırdığını görmüştür.

Kaptan Nemo misafirlerine kendisinin insan cemiyetiyle tüm ilişkilerini kesmiş bir insan olduğunu söylemişse de, ezilenlere yardım ettiği defalarca görülmüştür. Üstelik, denizaltı insan elinin ve beynin en muhteşem ürünleriyle doludur. Niçin? Kendisine bu soru yöneltildiği zaman Kaptan, bir zamanlar insan aklının ve elinin yarattığı tüm güzelliklere hayran olduğunu ve bunları toplamak istediği cevabını vermiştir. Peki şimdi niçin insan cemiyetinden kaçmaktadır? O kadar ki, kendisini misafirlerine

Kaptan Nemo olarak tanıtmıştır. Bilindiği gibi Nemo Lâtince'de "hiçkimse" demektir. Kaptan bir ismi olduğunu dahi gizlemiştir.

Bu esrarengiz adamın esrarı *Denizler Altında Yirmibin Fersah* romanında değil, *Esrarengiz Ada*'da çözülmektedir. Orada da kahraman Amerikalı mühendis Cyrus Smith bir balon kazası sonucu okyanusta ıssız bir adaya düşen beş kişilik bir grubun lideridir. Adaya ellerinde hiçbir şey olmaksızın düşen kazazedeler, ada üzerinde mühendisin coğrafya, jeoloji, kimya ve biyoloji bilgileri sayesinde enfes bir yaşam ortamı kurarlar. Tesadüfen, bu ada Kaptan Nemo'nun sığınağıdır. Kaptan Nemo'nun tüm arkadaşları birer birer ölmüş, yaşlı adam denizaltısında yalnız kalmıştır. Önce adanın yeni sakinleriyle hiç temasa geçmemek kararındadır. Fakat Cyrus Smith'in engin bilgisi, arkadaşlarının iyi niyetleri ve çalışkanlıkları, insanlığa küskün Kaptan'a insanları tekrar sevdirmiştir. Sonunda Kaptan ölümünün yaklaştığını farkedip, Cyrus Smith ve arkadaşlarını Nautilus'a davet ederek onlara sırrını açar: Kendisi Hint İsyanı'nın önemli şahsiyetlerinden Tippo Sahib'in yeğeni Prens Dakar'dır. İsyanda İngilizler onu yakalayamayınca tüm ailesini yok etmişlerdir. Bunun sonucu Prens Dakar insanlığa küserek sadık bir avuç adamıyla Nautilus'u yapıp kendisini denizlere bırakmıştır; hem bilim adamı hem de ezilenlerin hâmisi rollerine soyunmuştur.

Havadan ağır uçan makinaların öneminin vurgulandığı *Havalar Hâkimi*'nde uçan helikopter gemisi Albatros'u icat eden Mühendis Robür romanın sonunda Amerikalılara hitap ederken, insanlığın henüz Albatros'un bir benzerine sahip olmayı hak etmediğini, bu icat yaygın olarak bilinirse, bunu insanların birbirlerini öldürmek için kullanacaklarından korktuğunu söyler.

Jules Verne iyi ki yirminci yüzyılda yaşamadı! Yaşasaydı korkularının gerçek olduğunu görecekti.

Jules Verne'nin romanlarının her sahifesinden insan sevgisi, uygarlığa ve onu yaratan insan aklına, insan bilimine sonsuz bir güven, uçsuz bucaksız bir iyimserlik dökülmektedir. Jules Verne'i okuyup doğaya âşık olmamak, bilimi sevip onunla ilgilenmemek, coğrafya öğrenmemek mümkün değildir. Jules Verne fantazilerini yalnız bilim kurgu yapmak için değil, o bilim kurguyu insan mutluluğunu arttıracak bir şey hâline getirmeye büyük özen göstermiştir. Ben hayatımda sevdiği işi yaparak mutlu olan bir insan, dünyada ismini duyurabilmiş bir kişi olabildiysem bunda sanırım Jules Verne'in payı birinci derecedir.

Peki Jules Verne 2005'te niye Türkiye'de yaygın olarak hatırlanmadı? Alman Lisesi gibi Türkiye'nun kuşkusuz en iyi mekteplerinden birine giden oğlum soruyor: Edebiyat derslerimizde niçin bize Jules Verne okutmuyorlar? Hâlbuki diyor, Jules Verne okusak, bu bize coğrafyayı, tarihi, fiziği, kimyayı, biyolojiyi bir başka sevdirir, meraklarımızı çok ilginç alanlara yönlendirir. Niçin onun yerine bir ahlâksız kadının hayatını anlatan *Madame Bovary*'i okuyoruz? Jules Verne'i ciddî bir edebiyatçı addetmeyip Akademi'ye seçmeyen Fransa şimdi utanmıyor mu? Bin pişman değil mi? Utandığını, pişman olduğunu her fırsatta söylemiyor mu? Jules Verne'in bizlere vereceği yüksek insan duygularından, yüce insan emellerinden, niçin mahrum tutuluyoruz?

Bu sorularına cevap veremiyorum oğlumun. Çünkü bana da Robert Kolej'de Jules Verne okutmamışlardı. Benimle aynı liseyi benden yedi yıl sonra bitiren eşime de okutulmamış. Ama bana ilkokulda Jules Verne okutan Hasan-Âli Yücel kalıntısı hocalarıma ben her gün şükran duyuyorum. Ömrüm boyunca Jules Verne okudum. Hâlâ da okuyorum ve her seferinde ondan yeni bir şeyler öğreniyorum.

Jules Verne okumayan, onun 100. ölüm yıldönümü anmalarına katılmayan ülkenin iktidarı, şimdi bu ülkenin bilim kurumlarını yasadışı yollarla fethediyor ve bunları idare eden kişi, bir yurttaşına karşı "lan" ve "anan" diye televizyon kameraları önünde hitaptan sıkılmıyor; bir bakanı televizyonda çıkıp "Şu Maldivler de neredeydi?" diye sormaktan hicap duymuyor. Bir diğeri ellisinden sonra operaya gitmeyi ancak akıl edebiliyor.

Bu gibi şeylerin bir daha olmamasını istiyorsak, yapabileceğimiz en basit şeylerden biri çocuklarımıza küçük yaşlarında bol bol Jules Verne okutmaktır. Bunun faydasını kendisi üzerinde görmüş biri olarak bunu tüm samimiyetimle ifade ediyorum.

## *Kaptan Nemo'nun Tutkusu*[VII]

Jules Verne'nin belki de en meşhur romanı olan *Denizler Altında Yirmibin Fersah*'ı okuyanlar hatırlayacaklardır: Kaptan Nemo kendisine bir misafir muamelesi yaptığı tutsağı Paris Doğa Tarihi Müzesi zooloji profesörü Aronnax'a denizaltısı Nautilus'u gezdirmektedir. O ana kadar Aronnax'ın Kaptan hakkında hiçbir fikri yoktur. Bildiği tek şey bütün dünyayı hayretler içinde bırakan bir denizaltı gemisine sahip bu adamın ne olduğunu anlayamadığı kendi dili dışında Latince, Fransızca, İngilizce ve Almanca'yı su gibi konuştuğudur. Kaptan misafirini önce içinde nadide deniz ürünlerinin sergilendiği bir müzeden geçirir. Profesör koleksiyonun zenginliğinden etkilenmiştir.

Denizaltıdaki örneklerin, Paris'deki müzedekilerden zengin olduğunu söyler Kaptana. Kaptan da ona bu örnekleri bizzat okyanusların derinliklerinden topladığı için, kendisinin gözünde apayrı bir önemleri olduğu cevabını verir. Oradan içinde kıymetli san'at eserlerinin duvarları ve masa üstlerini süslediği bir yan odaya geçilir. Profesör Aronnax hayretler içindedir. Bir korsan sandığı Kaptanın muazzam bilgisi ve ince zevki kendisini etkilemiştir. Odada bir köşede duran bir orgun üzerindeki notalara gözü takılır. Kaptanın insanlıkla ilişkisini kestiğini anlattığını hatırlayarak: "Peki ya bunlar, Kaptan?" diye sorar. "Onlar! Orfe'nin çağdaşlarıdır" diye cevap verir Kaptan. "Büyük san'atkârların yaşı yoktur Profesör Aronnax. Onlar tüm zamanlara aittir. Ben de bir zamanlar doğanın ve insan zekâsının ürettiği her şeyi merak eden ve onların örneklerini toplamak isteyen bir insandım. Bütün dünyayı dolaştım, servetimin önemli bir kısmını burada gördüğünüz koleksiyonu toplamak için harcadım."

Daha sonra birlikte Nautilus'un kütüphanesine geçerler. Profesör Aronnax hayretler içindedir: "Burada altı veya yedi bin cilt var mı Kaptan?" "Oniki bin, Mösyö Aronnax!" Aronnax kütüphaneyi gözden geçirir. Zenginliği ve konularının çeşitliliği onu hayrete düşürür. Edebiyat ve san'atın muhtelif dallarından doğa biliminin ve mühendisliğin hemen tüm konularına kadar geniş bir yelpazede kitap vardır geminin kütüphanesinde. Yalnız bir konu tek bir kitapla bile temsil olunmamaktadır. Adeta kütüphaneden ve Kaptanın entelektüel yaşamından dışlanmıştır: Politik ekonomi!

Jules Verne'nin çizdiği Kaptan Nemo imajı bir üstün insan resmidir. Bu üstün insan Londra, Paris ve New York'ta mühendislik tahsil etmiştir. Pek çok dili ve bu arada klâsik dilleri ana dili gibi konuşabilmekledir. San'atkârdır -en azından san'atta geniş bir bilgi sahibi olup, iyi bir orgcudur. Mühendislik bilgisi zamanından çok daha ileri bir teknolojiye sahip olan Nautilus'u yapabilecek düzeyde olan Kaptan'ın entelektüel merakı onu doğa bilimlerine itmiştir. Araştırma alanı bilhassa denizdir, jeoloji, zooloji ve botanikteki bilgisi sık sık Profesör Aronnax'ı hayrete düşürür.

Bu üstün insan, insanlığa küskündür. Bu nedenle yakın adamlarıyla Nautilus'u yapıp insanlıktan kaçmıştır. Aronnax bunun nedenini ancak tahmin edebilir. Kaptan her türlü baskı ve zulümün karşısında olan bir özgürlük aşığıdır. Kaptanın ezilen insanlara maddi yardım yaptığına şahit olur Aronnax. Ancak bir başka romanda, *Esrarengiz Ada*'da Kaptan'ın bir Hint aristokratı olduğunu öğreniriz. 1857'de İngilizlere baş kaldıran Tippo Sahib'in yeğeni olan Prens Dakar'dır. Eşi ve çocukları İngilizlerce katledilen bu yetenekli adam, insanlığa küsmüştür. O kadar ki, kütüphanesinden tüm politik ekonomi kitaplarını dışlamıştır. Ama Kaptan Nemo'nun özgürlük tutkusu onu tüm ezilen insanların iyilik perisi yapmıştır.

Beethoven on yaşında bir kız çocuğuna yazdığı bir mektupta ne diyor? "Bilim ve san'atın peşinden git! Ancak onlar insanı Tanrı katına yüceltirler." Jules Verne'nin Kaptan Nemo imajı da bilim ve san'atın kanatlarında o kata yücelmiş bir üstün insanın resmidir. O üstün insan bilimin ve san'atın kıymetini bildiği gibi, özgürlüğün, insana saygının da onların olmazsa olmaz ön koşulu olduğunu bilmektedir.

21. yüzyılın başında Beethoven'in ve Jules Verne'nin hayâllerinden ne kadar uzaklaştık, karanlık çağlara ne kadar yaklaştık? İnsan düşüncesine gem vurmaya kalkan sosyal sistemlerin 21. yüzyıldaki popülariteleri insanlığın geleceği için son derece kötü bir haberdir.

## *2005'de İki Önemli Yıl Dönümü*[VIII]

2005 senesi sadece Jules Verne'in değil, 4 Temmuz 2005'te de gelmiş geçmiş en büyük yerbilimcilerden biri olan Élisée Reclus'nün ölümünün 100. yılıydı.

Jules Verne ve Élisée Reclus neredeyse tam aynı zaman aralığını paylaşmışlar. Verne 1828 doğumlu, Reclus ise 1830. Her ikisi de Fransız olan bu iki büyük insan, bilim ışığında yaşamını düzenleyebilecek insanlık konusunda aynı iyimser görüşlere sahiptiler. Her ikisi de yazılarıyla insanlığa bilimi öğretmeyi, bilimi sevdirmeyi, bilim ışığında onlara daha rahat, daha emin, daha sağlıklı nasıl yaşanabileceğini anlatmakla ömürlerini geçirmişler. Her ikisi de insana öncelikle üzerinde yaşadığı gezegeni tanıtmakla uğraşmışlar. Jules Verne ansiklopedilerde edebiyatçı, Élisée Reclus ise coğrafyacı olarak geçer. Aslında her ikisi de bu dar tanımların çok dışına taşan kişiliklerdir.

Profesyonel bir coğrafyacı olan Reclus bir taraftan coğrafya yaparken bir taraftan da hep sol politik akımların içinde bulunmuş, anarşizmin büyük teorisyeni ve coğrafyacı meslekdaşı Prens Kropotkin ile yakın bir arkadaşlık kurmuştur. Tabiî, Reclus'nün ve Kropotkin'in anarşizmi ile bugün anarşizm terimi ile anlaşılan işler arasında hiçbir ilişki yoktur. Reclus ve Kropotkin, bireye olabildiğince fazla özgürlük tanıyan, devletin ideal olarak "olmadığı" tam bir doğal yaşam ortamı hayâl ediyorlardı.

Her ikisi de şiddetten tiksiniyordu. Reclus hayâl ettikleri dünyanın gerçekleşmesinin ancak bireyin içinde yaşadığı ortamı çok iyi bilip anlamasıyla mümkün olabileceği kanaatindeydi. Bu nedenle coğrafyanın, ama en geniş anlamıyla coğrafyanın, her dalında çok sayıda eser verdi ve çalışmalarının geniş kitleler tarafından erişilebilir olmasına büyük çaba harcadı. Meşhur fizikî coğrafya eseri *La Terre* (*Dünya*, 1868-1896) fakir işçinin alamayacağı bir fiyatta piyasaya çıktığı için Reclus bu eserin derhal tek ciltlik küçük ve çok ucuz bir özetini de yayınladı. Fizikî jeoloji, meteoroloji, oseanografi gibi yerbilim dallarını da kucaklayan *La Terre*'den sonra Reclus, 1875-1894 yılları arasında 19 ciltlik *La Nouvelle Géographie Universelle*'i (*Yeni Evrensel Coğrafya*) yayımladı. *La Terre*, bu esere bir giriş olarak düşünülmüştü. Bu dev eser, tek bir yazarın kaleminden çıkan ve tüm dünyayı kapsayan son bölgesel coğrafya kitabıdır. Ondan sonra çeşitli yazar topluluklarının yayınladıkları evrensel coğrafyaların hiçbiri kapsam ve bakış açısı cephelerinden Reclus'nün eserinin kalitesine yükselememiştir. *La Nouvelle Géographie Universelle*'den sonra Reclus son eseri *La Terre et l'Homme*'u (*Dünya ve İnsan*) kaleme aldı. Doğal çevre içerisinde tüm insanlık tarihini elden geçirerek eserin son iki cildinde etraflı bir insan coğrafyası (antropocoğrafya) ortaya koyan altı ciltlik bu eser ne yazık ki onun sağlığında basılamadı; 1906-1908 yılları arasında sevgili ağabeyi Elie Reclus'nün oğlu Paul Reclus tarafından bastırıldı.

Reclus ömrünün son onbir yılı dışında hiçbir üniversitede ders vermemiş, herhangi bir araştırma kurumunun üyesi olmamıştır. Bu nedenle büyük eseri ölümünden kısa bir süre sonra unutulmuş, Fransız coğrafyası esasen tarihçi olan Vidal de La Blache'ın "bölge" kavramı çerçevesinde laf kalabalığından ibaret bir söylemle adeta eriyip gitmiştir. Ancak günümüzde gelişen yer sistemi bilimi, ekoloji, sosyobiyoloji, çevre ve global değişim kavramları ışığında Élisée Reclus'nün fikirleri ve bakış açısı tekrar güncel olmaktadır. Gelenekleri -ne yazık ki- Vidal de La Blache sonrası Fransız coğrafyasına dayanan Türk coğrafyacıları, Élisée Reclus'nün 100. ölüm yıldönümünü fırsat bilerek coğrafyanın hem dünyadaki hem de Türkiye'deki yerini ciddî çalışmalarla baştan gözden geçiremediler.

## *Bilgiye Duyulan İhtiyaç*[IX]

1 Nisan'dan itibaren ABD'nin fen ve mühendislik bilimlerinin en önde gelen üniversitesi California Institute of Technology'nin (CalTech) davetlisi olarak bir yıllığına Amerika'ya gidiyorum. Davet kelimenin tam anlamıyla damdan düşer gibi geldi. ABD Ulusal Bilimler Akademisi üyesi jeofizikçi ve Jeolojik Bilimler Bölümü Başkanı Ed Stolper imzalı mektup, CalTech'in Jeolojik Bilimler Bölümü'nde bir yıla kadar istediğim bir süreyi geçirip geçirmek istemediğimi soruyordu.

Telefonu açarak Ed'e davetin maksadını sordum. "Bir müddet aramızda olursan mutlu olacağız" cevabını aldım. Karşılığında ABD Başkanı'nın maaşının dörtte üçüne eşit bir maaş, bir ev ve bir de araba teklif ediyorlardı. "Peki, benden ne istiyorsunuz?" dedim. "Koridorlarımızda dolaş, yeter!" demez mi! Nedir CalTech'in benden beklediği ve karşılığında bu denli yüksek bir fiyat ödemeye hazır olduğu şey? Söyleyeyim: Kendi ülkemin benden hiçbir zaman beklemediği bir hizmet! Düşüncelerimi onlara nakletmem, onlarla birlikte düşünmem, oradaki eleştirel düşünce ortamına katkıda bulunmam. Bu faaliyetten üreyecek düşünce kırıntılarının karşılığının bu denli değerli olduğu düşünülüyor uygar dünyada. Kısa süreli hoca değiş-tokuşu uygar dünya üniversitelerinin en önemli programları arasındadır. Ben daha CalTech'in teklifini kabul etmeden Fransa ve Avusturya'dan iki teklif daha geldi; bunları sıraya koymak icap etti.

Bu gidişler benim için de çok cazip. Parasal yönünü düşünmem gerekmeyecek durumda olmam bunların cazibesini daha az kılmıyor. Çünkü bu misafirlikler bana Türkiye'nin veremediğini bol bol veriyor. Gittiğim yerde bilim konuşuluyor, bilim çalışılıyor, bilim solunuyor. Kahve aralarında, yemeklerde, akşam davetlerinde bilimsel problemler tartışılıyor. İnsan aklına gelmeyen bazı ipuçlarını öğreniyor, bilmediği kaynaklardan haberdar oluyor. Arkadaşlarıma yıllardır söylerim: Kendi konusundaki gelişmeleri yalnızca bilimsel dergileri okuyarak izlemek zorunda kalanlar çağdışı kalmaya mahkûmdurlar. Bilim, üniversite koridorlarında, akşam partilerinde, yemekhane masalarında, telefonda, elektronik postada yapılan lâklâkla gelişir. Bilim her şeyiyle toplumsal bir faaliyettir, bilim topluluğu içinde yapılır.

Bu topluluk iliklerine kadar aristokratik özelliklere sahiptir (yanlış anlaşılmasın: Yalnız meritokratik demek isteyip aristokratik kelimesini bu bağlamda sık sık karşılaştığım gibi yersiz kullanmıyorum. Gerçekten aristokratik demek istiyorum!). Eğer Cambridge gibi, Oxford gibi, Paris (eski Sorbonne) gibi, CalTech, MIT, Harvard gibi bilim dünyasının ileri gelen "ailelerinden" birine mensup olmayı becerdiyseniz önünüz açıktır. Yerbilimlerinde ABD akademisine seçilmek için "Ivy League'lerden birine veya CalTech'e git, ya jeokimyaya veya tektoniğe sap" adresi verilirdi bir ara. İngiltere'de Royal Society veya Fransa'da Bilimler Akademisi üyeliği için benzer "adresler" vardır. Bu "adresler" kollanır, korunur. Bunların zafiyete düşmesine izin verilmez. Kendileri çöküş emaresi gösterirlerse dışarıdan müdahale edilir, tekrar ayağa kaldırılırlar. Bunlar hem devletin, hem özel kuruluşların desteğinden her zaman aslan payını alırlar. Peki bu denli elitist, aristokratik tutumun nedeni nedir? Sebep basittir: Bilimin gerektirdiği insan kapasitesi de, finans desteği de her zaman çok yüksek olmuştur. Bunların pek çok merkeze dağıtılması, kapasitenin ve desteğin yoğunluğunu azaltır, bilimi olanaksız hâle getirir. Uygar toplumlarda amaç, en iyi insan kapasitesini sürekli en az sayıda noktaya toplamak ve o noktaları olabildiğince cömertçe desteklemektir bilim politikasında. Binlerce üniversitesi olan ABD'de kaç üniversitenin adı dünyaca bilinir?

İngiltere, Fransa, Almanya, Rusya için durum değişik midir?

Bu "aileler" içinde değerlendirme daha bir hoşgörülüdür. Yarışta koşuya zaten önden başlandığı için insanlar başka yerlerdeki gibi sıkıştırılmaz. Bu tutum bilim insanına huzur içinde düşünme ve çalışma imkânı verir. Buralarda on yılda bir (hattâ daha da seyrek) yayın yapanlar da görülür. Ama bunlar arasında Nobel ödüllülerin olması o yayınların değerinin her yıl on yayın yapan bazılarının yayınlarından ne denli üstün olduğunu hatırlatır insana. Üretilen fikirler tüm dünyanın eleştirisine sunulabilmeleri amacıyla en iyi uluslararası dergilerde yayımlanır, en önemli uluslararası kongrelerde tebliğ edilir. Bunları yapamayanlar zaten o "ailelere" giremezler. İşte bilimsel standartlar, gelişmiş dediğimiz toplumlarda böyle gelişir, o toplumlar da bilimin ürünlerini kullanarak dünyanın efendisi olurlar.

Bunu yapamayanlar, demokrasi, eşitlik, katılımcılık, hak çığlıklarının arkasına saklanarak, dernekçiliğe sığınarak, adam gibi bilim yapamamış olmayı, bilim adamlığının sorumluluklarını savsaklamış olmayı, "ömür boyu bilimsel ortam için savaşmış" yalanının çarşafına gizleyerek, her türlü standarda saldırır, bilim toplumunu engebesiz, tepesiz, şekilsiz bir düzlüğe çevirip önüne gelenin o savunmasız düzlükte at koşturmasına çanak tutarlar.

## *CalTech*[X]

CalTech kısaltması altında bilinen California Institute of Technology (Kaliforniya Teknoloji Enstitüsü) fen ve mühendislik araştırmalarında dünyanın en önde gelen kuruluşlarından biridir. ABD'nin en iyi öğrencilerini alan ve 1921 yılında kurulmuş olan bu üniversitenin 2000 öğrencisi vardır. Bunun 1100'ü lisansüstü, 900'ü de lisanstır. Bu 2000 öğrenci 810 hocadan ders görürler (280 öğretim üyesi, 130 araştırma profesörü, 400 doktora sonrası bilimcileri). Yani, 2,5 öğrenciye bir öğretim üyesi düşmektedir. Bu küçük okulun hocaları 27 tane Nobel ödülü almışlardır.

CalTech bağımsız ve özel bir kuruluştur. 29 Kasım 1921'de ilk mütevelli heyeti okulun amacını şöyle belirlemiştir: "Eğitim, hükûmet ve sanayi gelişimi alanlarında âcil ihtiyaç duyduğumuz yaratıcı bilim adamı ve mühendis tipini yetiştirmek." 1988 yılında okul eski başkanı Thomas E. Everhart akademik yılı açış konuşmasında şöyle demiştir: "İleriye bakan ve insanoğlunun başarabileceği en büyük şeyleri yapmaya cesaret edebilen yalnızca birkaç yere ihtiyaç vardır."

CalTech altı bölümden oluşur (bunların herbiri Türk üniversitelerinde aşağı-yukarı bir fakülteye tekabül eder: (1) Biyoloji, (2) Kimya ve Kimya Mühendisliği, (3) Mühendislik ve Uygulamalı Bilim, (4) Jeoloji ve Gezegen Bilimleri,(5) İnsan ve Toplum

Bilimleri, ve (6) Fizik, Matematik ve Astronomi.

CalTech'in lisans programında şu lisans seçenekleri sunulmaktadır: Uygulamalı ve hesap matematiği, uygulamalı fizik, astronomi, biyoloji, kimya mühendisliği, kimya, ekonomi, elektrik ve bilgisayar mühendisliği, elektrik mühendisliği, mühendislik ve uygulamalı bilim, jeokimya, jeoloji, jeofizik, tarih, bağımsız etüdler, edebiyat, matematik, fizik, gezegenler bilimi, bilim, ahlâk ve toplum, ve toplum bilimi. Seçtiği esas dal ne olursa olsun, her CalTech öğrencisi biyoloji, kimya, insan bilimleri, matematik, fizik ve toplum bilimlerinden ders almak zorundadır. Öğrenciler derslerinin yanısıra araştırmaya katılmaya da teşvik edilmekte, lisans programının öğrenciye geniş bir yelpazede sıkı bir eğitim vermesine özen gösterilmektedir.

Öğrenciler ilk yıllarının sonunda alanlarını seçmekte, ikinci yılda ihtisaslarına ayrılmaktadırlar. Ancak seçtikleri alandaki esas yoğunlaşma ancak üçüncü ve dördüncü yıllarda olmaktadır. CalTech ayrıca her öğrenciyi en az üç dönem (her biri iki aylık olmak üzere) beden eğitimi dersine mecbur etmekte, ders dışı faaliyete teşvik etmektedir (ders dışı faaliyetin hemen hemen tamamı öğrenciler tarafından düzenlenmektedir).

CalTech ABD'nin en iyi öğrencilerini almaktadır. Bu en iyi öğrenciler de Amerika'da (ve dünyada) CalTech'in cezbedebildiği en iyi hocalardan ders görmektedirler. Bu minik okulun vakıf yatırım tutarı 2000 yılı itibariyle 1.535.702.000 ABD doları, örneğin geçen yılki toplam varlığı ise 2.190.532.000 dolardır. Bu paranın tamamı özel kaynaklardan gelir (bağış yapanların çoğunun CalTech mezunları olduğu söyleniyor). Tabiî ki CalTech'e ayrıca her Amerikan üniversitesi gibi federal hükümete bağlı olan Ulusal Bilim Vakfı'ndan (National Science Foundation), diğer özel kuruluşlar (ör. bilgisayar ve petrol şirketleri) ve devlet (ör. belediyeler) kurumlarından da hocalarının sunduğu proje teklifleri sayesinde büyük para girişleri vardır.

## *CalTech'in Toplumsal Temelleri*[XI]

Daha önceki iki makalede pek kabaca ve yüzeysel olarak da olsa okuyucularıma Amerika'nın (ve dolayısıyla dünyanın) en önemli araştırma ve eğitim kurumlarından biri olan California Institute of Technology'yi (Kaliforniya Teknoloji Enstitüsü, kısa adıyla CalTech) tanıtmaya çalıştım. Buranın bir "eğitim ve araştırma cenneti" olduğunu söyledim. Bu yazının amacı bu cennetin toplumsal temellerini irdelemek, örneğin Türkiye'de niçin benzer bir cennetin bulunmadığını tartışmaktır.

CalTech'in parasının çok büyük ölçüde özel kaynaklardan geldiğini, bu kaynakların çoğunluğunun da CalTech'in mezunları olduğunu söylemiştim. CalTech'in kuruluşundaki kaynak ise Los Angeles'ın bir sayfiyesi durumunda olan Pasadena'nın zengin sakinleridir. 20. yüzyıl başında ABD'nin Andrew Carnegie tarafından yapılan büyük bir bağışla kurulan önemli araştırma kurumu Carnegie Institution'un Pasadena'nin burnunun dibindeki Wilson Dağı'nda kurduğu dev teleskopun astronomu olan George Ellery Hale, bu şirin sayfiyede bir fen ve teknoloji okulunun başarılı olabileceğini düşünmüştü. Burada zaten daha önceden içinde bir ilkokul, bir iş idaresi okulu, bir lise ve bir de öğretmen okulu olan bir üniversite vardı. 1891'de Amos G. Throop tarafından kurulmuş olan bu okulun ilk adı Throop Üniversitesiydi, bu isim daha sonra Throop Politeknik

Enstitüsü olarak değişti. Nihayet 1920'de Kaliforniya Teknoloji Enstitüsü'nde karar kılındı.

Enstitü'nün basit bir mahalli okuldan uluslararası dev bir eğitim ve araştırma kuruluşuna dönüşümünü üç kişi sağlamıştır. Hale, fiziksel kimyacı Arthur Amos Noyes ve elektronun sırlarını insanlığa öğreten Robert Andrews Millikan. Bu her üç kişi de üstün yetenekli araştırmacılardı. Her üçünün de bilimde engin görüşleri vardı. Her üçü de işlerine âşık, yaptıklarından aldıkları zevk ve doyumu hiçbir şeye değişmeyecek, "amacı şöhretin üstünde tutan, oyunu ödülden çok seven" kişilerdi. Pasadena'nın zenginleri, bu üç kişinin düşlerinin, ülkeleri, toplumları, insanlık ve eninde sonunda bizzat kendileri, kendi işleri için yapılması gerekli bir şey olduğuna inandılar. Çünkü bu zenginlerin hepsi servetlerini yasanın egemen olduğu, insana saygı duyulan bir demokrasi içinde akıl ve emek harcayarak yapmış kişilerdi. Hepsi, aklın, yaratıcılığın, bilginin değerini bilen iş adamlarıydı. Hale, Noyes ve Millikan bu kişileri bir araya getirdi, imkânlarını bir araya toplamak için onları ikna etti, hepsinin gücünü CalTech'in arkasına aldı.

Bu tarihler, Güney Kaliforniya'da William Mulholland idaresinde dev mühendislik işlerinin yapıldığı, Kaliforniya Çölü'nün Amerika'nın en büyük sebze ve meyve bahçesine dönüştürüldüğü, Los Angeles'in inanılmaz bir hızla büyüdüğü tarihlerdi. Yapılan projeler, dünyadaki gelişme, CalTech'e ek bir hız ve şevk verdi. İkinci Dünya Savaşı başladığında, Kaliforniya'nın ücra bir sayfiyesindeki bu minik okul Amerika'nın en önemli araştırma enstitülerinden biri olmuştu bile. Millikan, yeni okula hoca seçmede inanılmaz bir başarı göstermişti. Bu arada eski arkadaşı Hale ile arası açıldı; hattâ kampüsteki büstleri bile birbirine bakmayacak şekilde yerleştirildi! Ama bu kişisel sürtüşmeler, işlerine sekte vurmadı. Bu üstün düzeyli bilim insanları ve idealistler, idealleri uğruna kişisel, öznel işlerini, toplumun nesnel işlerinden ayırmasını bildiler. CalTech'in pek çok mezunu kısa zamanda Amerika'nın milyarder mühendisleri arasına katıldı. Bu insanların bazıları dev servetlerinin önemli bir kısmını kendilerini yetiştiren, kendi çocuklarının, torunlarının nesillerinin dünyaya hükmetmesinin temelini oluşturacak bilimi yaratan kurumların en önde gelenlerinden biri olan yuvaya bıraktılar. Meselâ, beni bugün CalTech'e getiren burs, bu milyarderlerden biri olan George Moore'un yaptığı bağıştır.

CalTech, müthiş bir elitizmle ülkedeki en iyiyi üretmek iddiasında olan bir kurumdur. Bu elitizm, en iyiyi yetiştirerek, tüm Amerikan toplumuna hizmet vermekte, onun dünyadaki egemenliğini sağlamaktadır. Bu hizmetin temelinde, o hizmetten bir zamanlar bizzat yararlanmış olan büyük zenginlerin paraları yatmaktadır. Bu zenginlerin her biri kendi adlarına üniversite kurabilirlerdi. Ama bunu yapmak yerine bir büyük eser yaratmayı, onu kendi adları altında değil, yaşadıkları eyaletin adı altında toplumlarına hediye etmeyi yeğelediler. John Rockefeller de Chicago Üniversitesi'nin kuruluşunu sağlayan tek bir çeki yazdığında aynı hislere sahip değil miydi? Kurduğu üniversiteye adının verilmesini teklif edenlere "Hayır! Üniversite içinde yüceleceği şehrin adını taşısın" dememiş miydi?

Bundan iyi toplumculuk, bundan iyi sosyalizm olur mu? Sosyalizm, bir toplumda herkesi aynı düzeye mahkûm etmekse, bu o topluma ancak zarar verir. Ama sosyalizm bir toplumun en iyi imkânlarını o toplumun yücelmesi yolunda en iyi şekilde kullanmaksa, o zaman bunu yapan toplum tüm üyeleriyle birlikte yücelir. Ancak bu bir toplumda yalnızca böyle akılcı fedakârlıkları yapabilecek kültür düzeyinin oluşabilmesiyle mümkün olur. Kendi adının ancak başarıyla yaşayacağını, başarının da sadece aşkla yapılanının topluma mal edilebilmesi sayesinde uzun ömürlü olabileceğini anlamak akıl, görgü ve bilgi işidir. Atatürk'ün adı bugün niçin yalnız Türkiye'de değil, tüm dünyada saygıyla anılmaktadır? Çünkü o yaptıklarını kendi adı yaşasın diye yapmadı. O, insanlığın yücelmesi, bir adım ileri gitmesi için gerekeni, akıl, bilgi ve bilimsellik çerçevesinde kendi bulunduğu toplumda gerçekleştirdi. Mustafa Kemâl yaptıklarını içinden geldiği için, başka türlü yapması mümkün olmadığı için yaptı. O, amacı şöhretten üstün tutanlardandı, oyunu ödülden çok sevenlerdendi. Dünyanın en başarılı eğitim ve araştırma kurumlarının en önde gelenlerinden biri olan CalTech'in temelinde tek kelimeyle idealizm yatmaktadır. Bu idealizm ne yazık ki bugün bizim toplumumuzda en az bulabildiğimiz özelliktir.

Aptal köşedönmecilik, akıllı idealizmi bön bir taklitçilik; verimli yaratıcılığı, koyu bir cahillik; zengin bilgililiği, feci bir görgüsüzlük hâline çevirmiş ve toplumun en önemli dengeleme unsuru olan görgüyü aramızdan kovalamıştır. CalTech'in parasal değeri o kadar da gözde büyütülecek bir şey değildir. Bunu bugünkü gariban durumunda bile Türkiye çok rahat çıkarabilir. Ancak Türkiye'nin bugün ortaya koymasına imkân olmayan CalTech'i yaratan akıl ve o aklı besleyen geleneklerdir. Bunun farkına vardığımız gün bizim de nice CalTech'ler yaratacağımızdan kimsenin kuşkusu olmamalıdır.

## *Bilim, Devlet, Haysiyet:*
## *Prof. Dr. Liepmann dan Bir Anı*[XII]

CalTech'e geldiğimden beri sürprizler birbirini kovalıyor. İnsan bu durumda tüm dünya bilim adamlarının aslında ne kadar küçük bir topluluk oluşturduğunu anlıyor. Burada bana yardımcı olan Jeoloji ve Gezegen Bilimleri Bölümü sekreteri Bayan Marcia Hudson, Pasadena'ya varışımdan kısa bir süre sonra, CalTech'de gençliğini Türkiye'de geçirmiş meşhur bir Alman uçak mühendisliği profesörünün olduğunu, beni bir gün onunla tanıştıracağını söyledi. "Adı?" diye sordum. "Hans W. Liepmann." "Bu," dedim, "meşhur jinekolog Wilhelm Liepmann'ın oğlu olmasın?" "Evet o!" diye heyecanla cevap verdi Marcia. "Tanıyor musun?" Tabiî ki Hans Liepmann'ı tanımıyordum, ama baba Liepmann'ın 1939'da öldüğünü, Türk öğrencilerinin omuzlarında taşınan nâşının Feriköy'e gömüldüğünü bildiğimi söyledim. Adını 1936'da İstanbul Üniversitesi'nde İkinci Zaman'ın bir deniz sürüngeni olan ihtiyozorlarda doğum olayı hakkında verdiği konferanstan hatırlıyordum. İhtiyozorlar hakkında konferans veren bu kişinin meşhur bir jinekolog olduğunu da aile dostumuz Prof. Dr. Orhan Esen'den öğrenmiştim. Uzun lâfın kısası, bugün (23 Mayıs) Prof. Liepmann beni odamda ziyarete geldi. 87 yaşında, fakat dinç, çakı gibi bir ihtiyar. İlk hoşbeşten sonra bana Türkiye'deki gençlik günlerinden anılar nakletti. "Türkiye'nin benim gönlümde özel bir yeri vardır" dedi. "Hele Kemâl Paşa'nın!" Yanında İsmet Paşa'nın İnönü Ailesi'ndeki bir doğuma yardımı nedeniyle babasına çektiği bir teşekkür telgrafını getirmişti.

Atatürk ise Liepmann'da bir tutku. "Aptal Hitler" diyordu. "Atatürk'ten ders alsaydı bugün Avrupa nasıl bir cennetti, düşünebiliyor musun? Ama Atatürk'ün dehâsını yakalamak kolay mı? Onun gibisi yoktu." Naklettiği anılarından onu en çok heyecanlandıran, gözleri yaşararak anlattığı meşhur diş hekimliği hocası Kantorowicz'in Türkiye'ye çağırılması hikâyesiydi:

"Schwarz başkanlığında bir komisyon kurulmuştu" diye başladı, "Avrupa'dan İstanbul Üniversitesi'nin ihtiyaç duyduğu hocaları bulup çağırmak için. Diş hekimliği için bir hoca lâzımdı. Atatürk, olabilecek en iyilerin çağırılmasında ısrarlıydı. Komisyon Kantorowicz'de karar kıldı. Fakat Naziler Kantorowicz'i sosyal demokrat milletvekili olduğu için konsantrasyon kampına atmışlardı.

Komisyon bu durumu göz önüne alarak Kantorowicz'den bir sonraki en iyiyi çağırmaya kalkıştı. Atatürk buna dehşetli kızdı.

Derhal Türk Dışişlerine emir verildi ve Prof. Kantorowicz Almanya'dan resmen istendi. Fakat aradan haftalar, hatta galiba aylar geçmesine rağmen Almanya'dan cevap gelmiyordu. Komisyon ümitsizliğe düşmüştü. Gene en iyi ikinciyi çağıralım lâfları edilmeye başlandı. Bunu duyan Atatürk, Türk Dışişlerine, Alman Dışişleri'nden cevap gelmemesinin Türkiye Cumhuriyetine karşı yapılan kasıtlı bir hakaret olup olmadığının sert bir dille sorulması emrini verdi. Naziler Kantorowicz'i 24 saatte konsantrasyon kampından çıkarıp Türkiye'ye yolladılar!

Prof. Liepmann daha sonra İran Şahı Rıza Pehlevi'nin Türkiye ziyareti esnasında Kantorowicz'in Dolmabahçe Sarayı'nda kendisine takma bir diş takımı yaptığını anlattı. "Şahın bulabileceği en iyi dişçi o zaman Türkiye'de, Atatürk'ün himayesindeydi" dedi, göz yaşlarını silerken.

"Matematikte çatallanma kavramını bilir misiniz Herr Şengör? Hani kaosta geçer?" diye sordu heyecanla bir ara. İşte Gelibolu benim yaşamımda öyle bir çatallanma yaratmıştır. Gelibolu

Mustafa Kemâl'i, o da modern Türkiye'yi yarattı. O'nun modern Türkiye'si de bizlerin hayatını kurtardı. Prof. Liepmann'la uzun ve tatlı bir sohbet yaptık. Soyadı kanununun çıkışını, metrik sistemin kabulünü, nasıl polisin gelip bir günde üniversiteden eski Fahrenheit termometrelerini topladığını anlattı. "Amerikalılar o işi hâlâ beceremediler!" diye gülüyordu.

Büyük bir hassasiyet ve nezaket göstererek Türkiye'nin bugünkü hâlini sormadı. Yalnız babasının mezarını yakında ziyaret ettiğini, İstanbul'un eski güzelliğini bulamadığını üzüntüyle nakletti. Ama her sözünde döne döne Türkiye'ye ve Mustafa Kemâl'e olan sevgisini vurguladı. "Der war wirklich unglaublich!" (O gerçekten inanılmazdı!) diyordu durmadan. Atatürk hayranı 87 yaşındaki delikanlı yanımdan ayrılırken Türkiye'ye Atatürk'ün kazandırdığı ve ondan sonra akılsız ve görgüsüz yöneticiler elinde kaybettiğimiz haysiyetin iadesinin en önemli görevimiz olduğunu düşündüm. Onun yolu da herkesin görevini en iyi şekilde yapmasıdır.

Mustafa Kemâl'in yaptığı gibi: Amacı şöhretin üstünde tutarak, oyunu ödülden çok severek!

## *Acaba'lı ve Acaba'sız Toplumlar*[XIII]

Hasan-Âli Yücel'in bir yazısında "acaba" hakkında söylediği şu ifadeleri kullanmıştı:

"Demokrasinin dünya görüşü, bir mantığa dayanır. Demokrasi mantığının ana prensibi şudur:

'Her fikirde hatâ ve sevap ihtimali vardır.' Eğer bu postülâtı kabul etmezseniz demokrasi geometrisini kuramazsınız. ...Bu prensibi kabul edince ilk müşkül yenilmiş olur. Çünkü kendi dâvanızda, karşınızdakinin dâvası kadar hatâ ve sevap olacağına inanınca pek tabiî olarak tartışmaya razı olursunuz. O zaman bir itiraz karşısında kalınca:

-Acaba?!...

dersiniz. Bu 'Acaba?' yok mu, işte demokrasinin en değişmez remzi budur. Bütün diktatorya rejimleri 'Acabasızlar' rejimidirler."

Daha evvel yazdığım yazılardan birinde idam cezasını eleştirirken tarihsel olayların baştan kurulmalarında bulunması kaçınılmaz belirsizlikleri bu eleştirime temel yapmıştım. Bu sütunda pek çok kereler yazdığım gibi, aynı belirsizlik tüm kuramsal bilimler için geçerlidir. Yani, gördüğümüzden fazlası hakkında fikir beyan edeceksek, bu fikrin varsayım olduğunu da kabul etmek zorundayız, zira tümevarım yöntemi mantıksal olarak geçersizdir. Bunu daha 18. yüzyılın ilk yarısında büyük İskoç filozofu David Hume görerek ümitsizliğe düşmüş, 19. yüzyılın başında da aydınlanmanın büyük filozofu Immanuel Kant, Newton'un gerçeği bulduğu varsayımından hareketle, Hume'un ümitsizliğini insan aklının gerçeği bazı à priori (yani doğumda var olan) bilgileri kullanarak yakaladığını iddia etmişti.

Kant'ın bu idealizme kayan öğretisinin 19. yüzyılda büyük bir etki yaptığı mâlum; modern biyoloji (özellikle etoloji, yani davranış bilimi ve genetik) Kant'ın à priori bilgi kavramını kısmen de olsa doğrulamıştır. Ama bilgi bilimdeki büyük sıçrama Avusturyalı büyük bilim filozofu Karl R. Popper'in kuramsal bilimlerin varsayımsal karakteri ve bilimsel ilerlemede nesnel tartışma ve gözleme dayalı yanlışlama hakkındaki fikirleriyle 1934'te oldu. Popper, bilimde her adımda "acaba"nın mutlaka gerekli olduğunu gösterdi. Hasan-Âli Yücel hakkındaki kitabımda, Yücel'in bilgi- bilim hakkındaki fikirlerinin Popper'inkilere olan benzerliğini vurgulamıştım. Yücel de meşhur *Mantık* ders kitabında tümevarımın mantıksal temelinin olmadığını vurgulayarak, varsayımların, yaratıcılığın bilimsel gelişmedeki önemini vurgular. Kuramsal bilimlerde nihâî hakikate ulaşılamayacağı, ulaşılsa bile bunun farkına varılamayacağı gerçeği, bilimde de, toplum yaşamında da tüm otoriterliği siler süpürür -çünkü heryerde, herkesin kafasında o "acaba" dolanır durur.

İşte, Yücel'in söylediği gibi, o "acaba" bir toplumu demokratik ve hür yapar. Ben ekleyeyim, o "acaba" bilimsel düşünceyi toplum yaşamına temel yapar, acabasız toplumlar, her şeyi bulduklarını veya kendilerine her şeyin fısıldanmış olduğunu sanan toplumlar, gelişme defterlerini kapatmış, bilimi dışlamış zavallı veya zavallılaşmaya mahkûm toplumlardır.

Acaba ile sürekli gelişme, sürekli ilerleme, onlarla da mutluluk ve güvenlik toplumun kaderi olur. "Acaba", kişiler arasında da dostluğun en temel kelimesidir -her ne nedenle olursa olsun kızdığımız bir insan ile ilişkiyi kesmeden önce hep o "acaba" ortaya çıkıp bizi bir kez daha düşünmeye sevk eder. "Acaba" hiç kuşkusuz tüm dillerdeki en güzel, en marifetli ve en gerekli kelimedir Çocuklarımıza en çok öğretmemiz gereken kelime odur.

Her yıl bir "acaba" haftası olmalıdır. Demeliyiz ki, "bu hafta her ifadenin önüne bir "acaba" koyun, bakın bakalım dünya o zaman nasıl görünüyor?"

## *Anıtkabir'deki Karanlık Gece*[XIV]

Gazeteler inanılması imkânsız bir haberin ele geçirilebilen detaylarını veriyorlardı. Havanın çok soğuk, gökyüzünün kalın bulutlarla kaplı olması, arada bir tipi hâlinde yağan mevsimsiz kar ve şiddetli rüzgâr olayın detaylarının tam anlaşılmasına imkân vermemişti. Anıtkabir'in -jeneratörler dahil- tüm elektrik tesisatının herhalde şiddetli rüzgâr ve düşen bir yıldırım nedeniyle bir müddet iflâsı olayı daha da içinden çıkılamaz hâle getirmişti. Gerçi görgü tanıklarının hepsi olup biten hakkında aşağı-yukarı hemfikirdiler. Ama iki nöbetçi askerin anlattıklarına kimse bir anlam veremiyordu. Bir sürü spekülâsyon yapılıyor, kimi gazete hâdiseyi köktendincilerin düzenlediği bir gösteri olarak yorumluyor, sağcı gazeteler ise olanları solcuların yaklaşan seçimlerde sağ oyları baltalamak için tezgâhladığı bir olay olarak görüyordu. Tek tük, hadisenin münferit bir delinin işi olduğu hakkında fikirler de duyuluyordu. Ama, olayın ilk şahidi olan ve o an bir kalp krizinden ölen nöbetçi subayın açık kalan gözlerinde kalmış olan görüntünün izahını ise kimse yapamıyordu.

Olay şuydu: Çok yakındaki genel seçime katılacak partilerin aldıkları ortak bir karar sonucu o gün tüm liderler topluca Anıtkabir'e giderek Ata'nın huzurunda saygı duruşunda bulunmuşlardı. (Bazı hınzır köşe yazarları bu toplu ziyaretin, seçim propagandası esnasında meydana gelen ve pek çok kişi tarafından hukuk tecâvüzü olarak yorumlanan olaylar nedeniyle, savcıların ve ordunun gözünü boyamaya dönük olduğunu yazmışlardı ertesi günkü gazeteler için.) Şeref defteri imzalanmış, politik yelpazenin en sağından en soluna herkes kendi ifâdesiyle O'nun yolunda olduğunu, O'nun direktiflerinden ayrılmadığını, O'nu ebedî lider bildiğini yazmıştı. Akşama doğru şiddetli bir rüzgârla başlayan beklenmedik bir tipi Ankara'da hayatı tamamen felç etmiş, plânlanan tüm toplantılar, gösteriler iptal edilmiş, halk ve devlet erkânı evlerine çekilmişti. Ortalık bir seçim arifesinden beklenmeyen bir ıssızlık ve sessizliğe bürünmüştü.

Gece nöbet değişiminden hemen sonra etrafı kolaçan etmeye çıkan Anıtkabir nöbetçi subayının elektrikler kesilince bir el feneri ile mozolenin kenarına doğru gittiği bazı nöbetçilerce görülmüş, daha sonra kendisinin çığlığı ile oraya koşan erler subayın cesedini ve onun başında elinde pirinçten büyük bir T harfi bulunan koyu renk takım elbiseli yaşlı bir adam bulmuşlardı. Nöbetçiler önce subayı yaşlı adamın katlettiğini düşünerek derhal ihtiyarı tutuklamışlar, kollarına girmişler, fakat subayın gözleri ardına kadar açık cesedi üzerinde yapılan ilk inceleme en ufak bir darp veya kesme izine tesâdüf etmediği gibi, oldukça zayıf ve çelimsiz gibi görünen yaşlının iri yapılı subayı bu kadar kolay öldürmesinin de akla yakın gelmediği anlaşılmıştı.

Nöbetçiler aralarından birini durumu bildirmek üzere yolladıktan sonra yaşlı adamı -serpiştirmekte olan kardan korunmak için- mozolenin içine alarak orada ne aradığını sormuşlar. Yaşlı adam ise cevaben, bu Anıtkabir'in görevini yapmadağını, hattâ "maksadı hilâfına çalıştığını," onun için onu yıkmayı, yok etmeyi istediğini söylemiş. Bunu söylerken de sıkı sıkıya elindeki pirinç T harfini tutuyormuş. Nöbetçiler kendisine Atatürk düşmanı mı olduğunu sormuşlar. Yaşlı adam ağlamaya başlamış, hıçkırıklar arasında "evet, evet" diyormuş. "Ben o ölsün, ama düşünceleri, hayâlleri yaşasın, onlar gerçek olsun istiyordum, tam tersi oldu, yıkın bu mezarı, yıkın o heykelleri, kaldırın resimlerini, yok edin bu mânâsız kalıntıları" diyormuş. Askerlerden biri "sen nerelisin?" demiş. İhtiyar, "buralı olmak istiyordum, ama olamadım" gibi bir cevap vermiş. Asker, kendisine bu suali niçin sorduğunu soranlara daha sonra "konuşması garipti, bize benzemiyordu, galiba muhacirdi" cevabını vermiş. Askerler ihtiyarı alıp sıcak bir yere götürmek istemişler ama mukavemet etmiş, mozoleden çıkmak istememiş. "Yaşına ve cüssesine göre inanılmaz bir gücü olduğunu o zaman farkettik; üzerindeki kıyafet ince olduğu hâlde üşümüyordu da" diyordu onu tutanlardan biri.

"Niçin yıkmak istiyorsun burasını?" diye sormuş nöbetçilerden biri. "Millete, milletime gideceklerine buraya geliyorlar. Zaman değişti, dünya değişti, dertler değişti: Onları görüp düşünecek, hâlledecek; en azından hâlle teşebbüs edecek yerde bu mozoleye gelip biat ediyorlar. Bu Cumhuriyet insana biatı kaldırmak için kurulmadı mı? Bu Cumhuriyet milletle istişare edilsin diye kurulmadı mı? Bu Cumhuriyet ileriye bakılsın diye kurulmadı mı? Bu Cumhuriyet artık kul değil, insan olalım diye kurulmadı mı? Bu Cumhuriyet kendi kendimize düşünelim, tartışalım diye kurulmadı mı? Bıktım buraya gelip Cumhuriyetin temellerine turp suyu sıktıktan sonra 'Atam, izindeyiz' yazan yalancılardan, aptallardan, cahillerden, beceriksizlerden, ahlâksızlardan. Buraya gelen o boş beyinleri taşıyan ayaklardan. Ah! Damat Ferit'in bunlardan ne farkı vardı? Vahidüddin'in ne farkı vardı? Enver bile bunlardan iyiydi; en azından dürüsttü!" Askerler, ihtiyarın daha pek çok şey söylediğini, ama hepsini anlayamadıklarını, çünkü kullandığı birçok kelimeyi bilmediklerini söylemişler. Zaten adamın fiziksel gücüne ve saçlarının açık renk olmasına rağmen niçin ihtiyar dedikleri sorulduğunda hem zayıflığını, yüzündeki kırışıklıkları, hem de konuşmasının bazen televizyonda gördükleri yaşlı İstanbullulara benzediğini neden olarak belirtmişler.

Bir ara yaşlı adam gözlerini silmiş: "Bir tek son 10 Kasım hoştu; her sene yerimi bana dar edenler gibi değildi; milletim geldi, kendisi geldi, çoluk, çocuk, kız, erkek, yaşlı genç. Ah, gene onlara hitap edebilmeyi ne kadar isterdim! Aralarına karışabilmek, tekrar okullara gidip gençlerle konuşabilmek, çocuklarla oynayabilmek. Bu ülkenin insanları ne hoştur, ne iyidir, ne dosttur! Onlara siyaseti, alçak kişisel çıkarlar için yapanla, memleketin, ulusun çıkarı için yapanı ayırmayı anlatabilmeyi ne kadar isterdim. Bu ayırım hem çok kolay ama hem de çok zordur. Millete 'aptal' diyenlere bu yüzden çok kızıyorum. Millet temiz yürekli bir çocuk gibidir. Size inanır. Ben bile bakıyorum da, bir sürü adamda yanılmışım. Bazı vakit insanın kendisi bile farketmiyor kime, neye hizmet ettiğini. Zavallı kızkardeşim bazen aklıma geliyor. Bu yüzden ne kadar kızdıydım O'na bir kere.

Bazen bedbin (bedbin kelimesinin ne anlama geldiğini askerlere ihtiyar anlatmış!) oluyorum, tereddüd ediyorum: Meclis'e bu kadar ehemmiyet vermek hatâ mıydı diyorum? Fakat sonra hayır, diyorum. Meşruluk olmadan, yani toplumun rızası olmadan, hiçbir şey uzun süre var olamaz. Kısa bir süre, ayrıcalıklı durumlarda, istişare etmeden yönetim tabiî ki olur. Hattâ bu bazen elzem bile olur. Tek elden, hızlı alınan kararlar olmasaydı Sakarya Muharebesine nasıl hazırlanılır, nasıl kazanılırdı? Ama uzun sürede bu gitmez. Tarih boyunca da gitmemiştir. Halk her şeyin üstündedir, çünkü o bizzat her şeydir. Onun için onu temsil eden Meclis en yüce kurumdur; istense de istenmese de bu böyledir. Ama içine girecekler o kurumun yüceliği ile mütenasip olmalı, bir milletin aklı, hissi ve ruhu olduklarının bilincinde olmalılar. Nasıl akıl bazen canımızı acıtacak işleri, meselâ iğne olmayı veya ameliyat edilmeyi gerekli görüp vücuda bunu yaptırıyorsa, Meclis de bazen halkın canını o an için acıtır görünen, ama uzun sürede ona iyilik getirecek olan işleri yapmak, bu tür kararları cesaretle ve şerefle almak zorundadır. İnkılâplar böyle olmamış mıydı? Hattâ Cumhuriyet böyle kurulmadı mı? Bundan, bu şekilde cesaret ve şerefle hareket etmekten korkan adam mebus olabilir mi? Bundan korkan adam kendine şerefli bir insan diyebilir mi? Mebusum, hattâ, adamım diye milletin içine çıkabilir mi? Evine, çoluğuna çocuğuna hangi yüzle gider sonra? Koynuna girdiği karısı onun yüzüne tükürmez mi? Mebus olmanın bir insanın ümid edebileceği en büyük şeref, en engin zenginlik, en gerçek saygınlık olduğunu bilmeli her mebus, memleketteki herkes. Çünkü mebus, milletin itimadının ete kemiğe bürünmüş şeklidir.

Ah! Halkıma bu öğretilmeli. Bu yüce Meclise önüne gelen salınır mı be? İnsan atını bile bir adama emanet ederse, o adamı bin defa sorup soruşturur. Atına iyi bakar mı? Ona eziyet eder mi? Onu yedirir içirir mi? İdmanını ihmal eder mi? Milletin şahsiyeti, hissi, aklı, ruhu, şerefi olan şu Meclisin milletin gözünde bir beygir kadar değeri yok mu yahu?"

Adam tekrar hıçkırıklarla ağlamaya başlamış. Askerlerden biri "emekli öğretmen misin?" diye sormuş. Yaşlı adam canlanarak "evet, evet, ama istemeyerek emekli edildim" diye cevap vermiş. "Yaştan mı?" "Yoo!" "Siyasi suçtan mı emekliye sevkedildin?" Yaşlı adam ilk defa gülümsemiş, "Belki de! Hiç aklıma gelmemişti." "Ne öğretmeniydin?" "Medeniyet öğretmeye çalışıyordum." Asker bunu anlayamamış. "Nasıl yani? Üniversite hocası mıydın?" "Yok be çocuk! Heryerde öğretmeye çalışıyordum, bazen üniversite hocalarına da, Mecliste bile!" Bu cevaptan sonra asker adamın belki de deli olduğunu düşünmeye başlamış. Diğer arkadaşı da aynı şeyi düşünmüş. Bu arada nöbetçi subayının öldüğünü haber vermeye giden üçüncü asker bir doktor ve diğer subaylarla mozolenin merdivenlerinde görünmüş. Yaşlı adamı kelepçeleyip bir köşeye bırakan askerler gelenleri selâmlamak üzere ihtiyarın yanında çömeldikleri yerden kalkarak birkaç adım öne çıkıp derhal geri dönmüşler.

İşte o an ilk inanılmaz olay olmuş. Bir dakika önce ihtiyarı kelepçeleyen iki asker, arkalarını tekrar döndüklerinde kelepçeleri kilidi açılmamış olarak yerde bulmuş. İhtiyardan ise eser yokmuş. Uzun aramalar da netice vermeyince, askerlerin ifadeleri alınarak tutanaklara geçirilmiş. Bu arada mozolenin dışında yeni yağmış olan karın üzerinde hiçbir ayak izine rastlanılmamış. Kar yağışı, izlerin bulunamayışının izahı olarak tutanaklara geçirilmiş.

Askerler ihtiyarın zayıf, ufak tefek bir adam olduğunu, iri bir kafasının, yukarıya doğru epey seyrelmiş açık renk saçlarının olduğunu söylemişler. Avurtları çökük, gözleri adeta hafifçe çekikmiş. Elleri çok ufak ama parmakları uzundu, diyorlar. Zaten kelepçeden de bu sayede kurtulduğu varsayılıyor. Hava çok karanlık, elektrikler de yanmadığı için daha fazla detay seçememişler. İhtiyar kaybolduktan sonra elinde tuttuğu T harfi de hemen askerlerle konuştuğu yerde bulunmuş. Bunun Atatürk'ün gençliğe hitabesinin mozolenin sol duvarındaki en alt satırından sökülmüş bir harf olduğu daha sonra farkedilmiş. İhtiyar bunu kullanarak traverten kolonlara vuruyormuş. Subayın cesedinin bulunduğu yerdeki traverten kolonda hakikaten tahrip izleri bulunmuş. Pirinç T harfi üzerinde yapılan parmak izi incelemeleri de hiçbir iz bulunamaması nedeniyle sonuçsuz kalmış.

Olayın en inanılmaz, açıklanması en müşkül kısmı ise ertesi gün cereyan etmiş. Şehit subayın cesedine yapılan otopsi kendisinin âni bir şoktan vefat ettiğini, şok ânında gördüğü -ve kuşkusuz şokun nedeni olan- şeyin ise gözün ağ tabakasında kalıcı bir imaj bıraktığını göstermişti. Normalde bir gözün ağ tabakasında oluşan görüntü saniyenin yirmibeşte biri kadar bir zaman sonra kaybolur. Ağ tabakasında oluşan imajın sürekli kalması, retinayı oluşturan hücrelerin kelimenin tam anlamıyla "donmasıyla" mümkündür. Bu olay çok seyrek olmakla berber, bilinen, şiddetli şok nedeniyle sinir sisteminin vücudu tamamen kilitlemesi sonucu meydana gelen, tıbbi bir olaydır (ilk rapor edildiği vak'a, boğa tarafından deşilen bir boğa güreşçisinin gözlerinde kalan boğa imajıydı).

Ama şehit subayın retinasında kalan imajın ilk resimleri gazetelerde yayınlanınca bütün dünya ayağa kalktı: Buradaki imaj, askerlerin tanımladığı tipe aynen uyan bir insan yüzü olmakla beraber, subayın el fenerinden çıkan kuvvetli ışıkla aydınlanmış olduğundan detaylar onların verebildiklerinden daha belirgindi: Alın ve şakaklarda iyice seyrelmiş, arkaya yatık sarı saçları dağınık bir kafa, derin yuvalara yerleşmiş, kılları uzun kaşların altında mavi-gri ve şehlâ bakışlı bir çift göz ve aşağıya, güçlü bir çeneye doğru incelen keskin hatlı bir yüz. Son derece muntazam, iri bir burun, üst dudağı burunla birleştirir gibi görünen yanak altı iki belirgin çizgi. Dudaklar yok denecek kadar ince. Çeneyle zayıf ve çökük yanaklar arasında belirgin, yukarıdan aşağı uzanan uzun kırışıklıklar. Çenenin altında hafifçe sarkmış bir gıdı ve onun bağlandığı ince, zarif, hafifçe derisi kırışmış bir boyun.....

Subay -sanki- bizzat Atatürk'le karşıkarşıya gelmişti. Elindeki fener sayesinde karşısındaki yüzün tüm hatlarını bir anda seçebilmiş ve anlaşıldığı kadarıyla da bunun yarattığı şok hayatına mâl olmuştu. Daha sonra ağ tabakasında kalan imajı gören askerler de konuştukları ihtiyarın çok büyük olasılıkla bu imajdaki adam olduğunu, ancak kendilerinde fener olmadığından (subayın fenerinin camı ve ampulü askerler yetiştiğinde- herhalde düşmenin etkisiyle- kırılmıştı), gece de çok karanlık olduğundan, yüzü tam seçemediklerini anlatıyorlardı.

Gözün ağ tabakasının nasıl çalıştığını bilmeyen bir sürü aklievvel, imajın subayın hayâlinin bir ürünü olabileceğini ortaya sürdüler. Tabiî oftalmologlar bunun imkânsız olduğunu, ağ tabakasının ancak gerçekten kişinin karşısında duran ve üzerine ışık düşen şeyleri kaydedebileceğini anlatan yazılar yazdılar. Öyle ki, bir müddet tıbbın gözle ilgili branşı oftalmoloji Türkiye'deki en popüler konu hâline geldi, yaklaşmakta olan seçim heyecanını bile gölgeledi. Galatasaray ve Teşvikiye kaldırımlarında bile popüler oftalmoloji kitapları satılır oldu.

Fakat tabii ki yine de kimse bu kadar akla aykırı bir açıklamayı kabul etmedi. Zaten askerler ihtiyarın "saçma sapan şeyler" söylediğini, akıllıdan çok deliye benzediğini söylüyorlardı. "Atatürk olsa tanımaz mıydık?" diye haklı olarak yorumun zırvalığını vurgulamak istiyorlardı. Subay da herhalde soğuk geceye yenilmiş, kalp krizi geçirmişti. Olay, sonunda Anıtkabir'e deli -fakat herhalde Atatürk'e çok benzeyen- bir öğretmen emeklisinin saldırısı diye kayıtlara geçti, gözdeki imajın fotoğraflarının basına verilmesi, gazetelere ve televizyonlara ilk ulaştırılan geliştirilmemiş resimlerin hemen ardından yasaklandı ve olay bir müddet sonra unutuldu gitti. Şehit subay da gözünde gerçekte kimsenin açıklayamadığı ve bahsetmekten bile çekinir olduğu imajla gömüldü, toprak oldu.

Yalnız ne olur ne olmaz diye Anıtkabir ziyaretlerinde önlemler arttırıldı, her giden politikacı cebine bilumum cin ve şeytan def eden duaları yerleştirmeyi ihmal etmez oldu, Arslanlı Yol'da yürünürken dudakları "Kul cûzü bi kelimâtillâhitâmmâti..." ile kımıldamayan tek politikacı kalmadı!

## *Bilim İnsanı Anıtkabir'e Niçin Gider?*[XV]

AKP Başkanı Sayın Recep Tayyip Erdoğan "Anıtkabir'e giden öğretim üyelerinin bir ölüden medet umduklarını" dile getirmiş (*Cumhuriyet*, 79. yıl, 27994 sayı, 30 Mayıs 2002. s 1 ve 4). Kendisi Anıtkabir ziyareti ile türbe ziyaretini herhalde benzeterek bunu söylemiş. Öğretim üyeleri Anıtkabir'e niçin giderler bilemem, ama bir bilim insanı niçin gider tahmin edebiliyorum.

En azından kendimin ne düşüncelerle sık sık Anıtkabir'e gittiğimi, Ankara'ya götürebildiğim misafirlerimi de götürdüğümü burada kayda geçirmek isterim.

Bilim, canlının canlı özelliği bittiği andan itibaren ayrışarak büyük ölçüde karbona dönüştüğünü söyler. Bu insanı insan yapan en önemli özellik olan akıl faaliyetinin de ölümle birlikte durması anlamına gelir. Ölen insandan geriye, vücudunun ayrışma sonucu dönüştüğü maddelerden ve yaşarken meydana getirebildiği eserlerden ve düşünce kırıntılarından başka hiçbir şey kalmaz. Ölünün kalıntılarının bulunduğu yeri ziyaret, bir açıdan ayrışma sonucu oluşan madde parçacıklarını ziyaret demektir.

Ancak bir diğer açıdan, ziyaretçi, ziyareti esnasında ölünün yaşarken yaptıklarına odaklanır. Aile mezarlıklarına ziyaretin en önemli nedeni budur. İnançlı kişi, dualarının ölünün var olduğuna inandığı ruhuna nasıl olursa olsun ulaşacağına inanır. Ama tâ mezara kadar gitmek, ölünün anısına odaklanmak için gerekli görülür. Mezar başında duadan ziyade ölünün yaşarken yaptıklarının düşünceleri doldurur insanın zihnini.

Mezar başında dökülen yaşlar, anıları dolduran kişinin artık aramıza dönerek bizlerle birlikte o anıları tazelemesinin mümkün olmadığı bilincinin verdiği çaresizliğin ifadesidirler.

Atatürk'ü ziyaretin bir nedeni, hiç kuşkusuz, onun anısına odaklanmak arzusudur. Ancak bu yalnızca kişisel ziyaretlerin nedeni olabilir. Grup hâlinde, hele bir kurumu temsilen, Anıtkabir'e gidip Atatürk'ün hâtırasına teksif olmak mümkün değildir, zira her kişi kendi kafasında onun hakkında değişik anılar, bilgiler taşır. Peki grup hâlinde, hele bilim adamlarımızın Akademi'yi, TÜBİTAK'ı temsilen yaptıkları Anıtkabir ziyaretleri anlamsız mıdır?

Kanımca aslında en anlamlı olanlar bu ziyaretlerdir. Çünkü Atatürk, bir fâni olmanın dışında, milletimizin toplu akıl yeteneğinin, becerilerinin, sağduyusunun sembolüdür. Her şeyimizi ve her şeyimizi yitirdiğimiz bir anda elde kalan tek güç olan akılla, Atatürk, Türk milletine yitirdiklerini geri aldırmıştır. O, ulusuna, ulusun kendi varlığından, kendi akıl, bilgi ve becerileri dışında hiçbir güvencesi olmadığını anlatmış, bunlara dayanarak, icap ederse tüm dünyaya kafa tutabileceklerini söylemiştir. Ulusunu, kendi ilkel kültür çevresinin dışına taşımış, ona yüksek bir uygarlığın nimetlerine uzanma imkânlarını vermiş, o medeniyetin yalnızca kullanıcısı değil, yaratıcısı da olacağını müjdelemiştir. Ulusuna hiçbir dogmaya, hiçbir doktrine, hiçbir değişmez ilkeye bağlanmamasını öğütlemiş, karşısına çıkan her sorunu, sorunun özelliklerini iyi öğrenerek, akıl ve bilgiyle çözmesini sağlık vermiştir. Kendisi de ulusuna "miras olarak hiçbir ayet, hiçbir dogma, hiçbir donmuş ve kalıplaşmış kural" bırakmamış, manevi mirasının "bilim ve akıldan ibaret" olduğunu söylemiştir.

İşte Anıtkabir ziyaretlerinde karşısına gidilen, önünde saygı duruşunda bulunulan, Türk ulusunun, Atatürk'ün fâni kişiliğinde en güzel ifadesini bulmuş olan akıl ve bilgi zenginliğidir. Atatürk'ün şahsında kendisine teşekkür edilen, bağlılık sözü verilen, bizi yetiştiren, yücelten, kollayan, ulusumuzun akıl ve bilgi zenginliğidir. Oraya her giden bilim insanı, o zenginliğin artırılması için çabalayan bir kişidir. O zenginlik, yalnızca ulus olarak bizim en kıymetli hazinemiz değil, insan toplumuna yaptığımız en büyük katkıdır da. Bunun sembolüne saygı duymak da en doğal hakkımızdır!

## *Ragnarök?*[XVI]

13. yüzyılın büyük İzlandalı devlet adamı ve edebiyatçısı Snorri Sturluson bizlere atalarından kalan masalları derlediği enfes bir eser bırakmıştır: Avrupa'nın kuzey halklarının ortak mitolojisi olan Edda. Edda'da anlatılanlar tanrıları ve onlarla ilişkileri olan çeşitli devleri, şeytanları ve nesneleri hikâye eder. Sonunda iyi tanrı Baldr öldürülür. Bu, felaketin başlangıcıdır. Uzun ve çok soğuk kışlar, bitmeyen savaşlar, kurtların güneşi ve ayı yutmaları, yıldızların gökyüzünden yeryüzüne düşmeleri, ışığın kaybolması, yerin sarsılması.

Bu işaretlerden sonra tanrıların düşmanları olan devler ve şeytanlar kalkarak Vigrid düzlüğünde toplanırlar. Heimdall tanrıları uyandırır, dünya ağacı Yggdrasill sallanmaya başlar. Tanrılar düşmanlarıyla ümitsiz bir savaşa tutuşurlar. Sonunda hepsi teker teker ölür, dünya alevler içinde yutulur gider... Bu Ragnarök'tür: Yani tanrıların felâketi.

Hangi Wagner hayranı bu öyküyü bilmez ki? Geçen gün Frankfurt'tan İstanbul'a uçarken yanımda oturan genç bir Alman kız, Götterdämmerung'un librettosunu okuyordu. Ona operaya temel olan bu öyküyü anlattım. 1 Ekim sabahı Orhan Bursalı aradı: Ekrem Akurgal'ın vefat ettiğini söyledi. Aklıma birden Ragnarök geldi: Gayri ihtiyari Baldr ile Atatürk'ü karşılaştırdım ve onun çevresindeki tanrıları düşünmeye başladım. Bunların bazılarını tanımak bahtiyarlığına erdiğimi düşündüm. Aklıma İhsan Ketin, Sırrı Erinç, Cahit Arf, Ratip Berker gibi isimler geldi. Ekrem Hoca bu tanrıların sonuncularından biriydi. Onun artık güçten düşmüş bedenine hapsolan muhteşem kafası bana bitip tükenmeyen bir şevk ve cesaret veriyordu sürekli.

Nihayet o da gölgeler dünyasına gitti. Sırrı Bey'in ölümüyle içine yuvarlandığım yalnızlığın boyutları daha da büyüdü. 30 Mart 1911 yılında Hayfa yakınlarında Tulkarem kasabasında başlayan bir yaşam, 1 Ekim 2002 sabaha karşı saat iki civarında İzmir'in Karşıyaka'sında söndü. O yaşamla beraber Atatürk'ün yaktığı uygarlık meş'alelerinden birini daha kaybettik.

### *En büyük arkeolog*

Ekrem Akurgal hiç kuşkusuz Türkiye'nin yetiştirdiği en büyük arkeologdu. Kanımca en büyük bilim adamlarımızdan biriydi (Onun düzeyinde konusuna dünya çapında etki yapmış başka hangi Türk bilimcisini tanıyorsun deseniz bir tek Fuad Köprülü'yü söyleyebilirim.)

Ama bunun da yanında yorulmak bilmez bir uygarlık savaşçısıydı. Uygarlığın temelinin bilim, bilimin kaynağının da eleştirel akıl olduğunu söyleyip yazmaktan asla yılmadı. Dünyanın en önde gelen bilim çevrelerine, onlara yön verecek eserler hediye ederken, bir yandan da kendi halkına medeniyet kılavuzu olacağını sandığı eserler kazandırdı, ona kitapçı raflarından gazete sütunlarına kadar her düzeyde seslenmeye, ulaşmaya çabaladı. Türkiye'nin yerini hep dünyanın en uygar ülkeleri arasında görmek istedi. Atatürk'ün bizleri, içinde özgürlük ve eleştiri olmayan bir çevreden bunların olduğu bir topluluğa götürmek istediğini biliyordu. Tüm yaşamı bu çabanın gerçekleşmesine katkıyla geçti. Tarihçi olarak, sahte tarihlerle övünmemizin zararlarını anlattı, vatandaş olarak özeleştiri yapmamız gerektiğini söyledi. Gerçekçi ve akılcı oldukça yüceleceğimizi anlattı. Türk halkının yüceleceğinden, dünyanın en uygar ulusları arasına gireceğinden bahsederken zevk, gurur ve heyecandan gözleri dolardı. Bunun gerçekleşeceğinden asla şüphe etmedi. İnsanlarına ve ülkesine âşıktı; onları büyük bir insan kardeşliğinin parçaları olarak görmek istiyordu.

Sonra? Ekrem Hoca gitti. Onunla birlikte ülkemizi Atatürk aydınlığına kavuşturanlardan en çok bir veya iki kişi hayatta kaldı. Bu bizim Ragnarök'ümüz mü? Karanlık mı geliyor? Baldr'ımızın arkasından tüm tanrılarımızı kayıp mı edeceğiz? Belki de. Ama mitosun sonu hoş bitiyor. Tanrıların yenik düştüğü dünya yanıp yok olduktan sonra onun küllerinden yeni bir cennet, yeni bir insan nesli türüyor; tanrılar diriliyor.

İşte Ekrem Hoca'ya yaşam sevinci veren en önemli inancı buydu: Türkiye cennet olacak. Uygar, akılcı, bilgili insanların ülkesi olacak. Ben de ekleyeyim: Olduğu zaman da buna Ekrem Akurgal'ın ihmal edilemeyecek önemde katkı yaptığı görülecek.

Rahat uyu Hocam! Yanına gittiğin Büyük Ata'ya görevini başarıyla yaptığını söyle. Darısı geride bıraktığın bizlerin başına.

## *Bilim ve Keyif*[XVII]

Muhterem hocam ve dostum Prof. Doğan Kuban ile yaptığımız sohbetlerden birinin konusu insana saygı idi. Doğan Hoca kendisinin en temel düşüncesinin insana saygı olduğunu söyledi. İnsan, tarihindeki büyük felâketlerin bazı sorumlularından, kendi ülkemizde insana zarar veren bazılarına varana kadar birkaç ismi sayınca: "Tabiî dedi, bahsettiğim saygı tek tek bireye duyulan saygı değildir. Soyut bir kavram olarak insanlığa saygıdır." "O zaman anlaşıyoruz" diye cevapladım. Benim saygım akladır. İnsanı insan yapan tek ayrıcalık olan akıldır saygı duyduğum."

Gerçi saygı ile kasıt, bireyin kendi dışındakinin, kendisine zarar vermediği sürece, her şeyiyle varlığını kabul etmesinden ibarettir. Bu açıdan birey her şeye saygı duymalıdır. Cansız varlıklardan, en küçük böcekten bizzat insanın kendisine kadar. Fakat bir de insanın ürettiği fikirler vardır: Bunlar da kanımca diğer varlıklarla aynı kategoride düşünülmelidir. Bireye zararlı olmadığı sürece her birey, her fikrin varlığına saygı duymalıdır. Fakat Doğan Hoca ile yaptığımız sohbette bahsi geçen saygı aslında bir nevi beğeniyi de içermektedir. İş böyle olunca saygı kelimesi yerine başka bir kelime gerekir bireyin çevresiyle saygı benzeri (ama tam saygı olmayan) ilişkilerini dile getirmek için. Bu kelime "sevgi" olabilir mi? Hayır. Sevgi bir histir, düşünce onun içinde tâli bir rol oynar. Peki Doğan Hoca'nın insanlığa, benim de akla "saygı duyuyoruz" diyerek dile getirdiğimiz düşünce nedir? Belki de bunu beğenerek anlamak şeklinde tanımlanabilecek "takdir" kelimesiyle ifade etmek yerinde olabilir. Bu kelimeyi ben daha iyisini bilmediğim için tercih ettim. Saygı, varlığını her şeyiyle kabul etmek, takdir de beğenerek anlamaktır. Demek ki saygı ile takdir arasında bir de hadiseleri olduğu gibi anlamak olmalıdır: "Bu adamın komşusunu niçin öldürdüğünü anlıyorum" anlamında. Tasvip etmesek de, herhangi bir şeyin akıl ile açıklanabilecek nedenleri olduğunu anlamak anlamında.

İşte saygı duymak ve anlamak bilimin sonuçları karşısında insanlığın takınabileceği iki tavırdır. Bilimin sonuçlarını beğenip beğenmemek kişinin doğal olarak seçeneğidir, ama kişi bu sonuçları beğense de beğenmese de katlanmak zorundadır. Katlanmak istemiyorsa, aklını kullanarak o sonuçların kendine yapacakları etkiyi değiştirmenin yollarını arar ki, bu, hele günümüzde, bilimsel araştırmanın en etkin destekçisi olan dürtüdür. Yani kişi, bilimin önüne koyduklarını beğenmiyorsa, ondan kurtulmak için yine bilime başvurmak zorundadır. Bunun dışında insanlığın geleneksel olarak yaptığı gibi din, sihir, büyü vb. şeylerden medet ummak, başı devekuşu gibi kuma gömmekten ibarettir. İnsanlık tarihi tamamiyle keyfi olan bu yöntemlerin hiçbir işe yaramadığının bir belgeselidir.

Peki ya bilim? Bilim, insan doğaya dürüstçe yaklaştığı takdirde, keyfinden feragat etmeyi bildiği takdirde bir işe yarar. Viyanalı davranış bilimcisi Karl Grammer'in "Evrimsel olarak açıklanabilen bir şeyin iyi olması gerekmiyor" sözünü daha da genelleştirerek "bilimsel olarak açıklanabilen bir şeyin iyi olması gerekmiyor" diyebiliriz. Bilimcinin görevi yeteneklerinin en uç sınırına kadar giderek elinden geldiğince bilimsel gerçekleri aramaktır. İnsan yaşamı -elde daha iyisi olmadığından- her andaki bilimsel düzeyin ışığında düzenlenmelidir. Bilimin düzeyi ise dalgalıdır: Bir bilimcinin "a" dediğine öteki "b" diyebilmektedir. Ama tüm bilimcilerin "c" yanlıştır şeklinde üzerinde anlaştıkları noktalar da vardır. İşte ilk iş bu "c"leri insan yaşamından ayıklamak olmalıdır, keyfimiz istese de istemese de.

Bu nedenle bilimcinin tek sorumluluğu gerçeği aramak ve doğru bildiğini söylemektir. Bunun dışında bilimcinin hiçbir toplumsal hassasiyeti ve sorumluluğu olamaz. Bilimin herhangi bir an kesinlikle yanlış kabul ettikleriyle üzerinde tartıştıklarını toplum yaşamında kullanmak toplum idarecilerinin görevidir. Onun için bu tür kişilerin bilimin dilini anlayacak bilgi ve görgüde olmaları bir toplumun bekâsı açısından yaşamsal önemi haizdir. En tepeden en aşağılara kadar Türkiye'mizin en büyük eksiği de işte budur.

## *Charles Darwin'den Bilimsel Düşünme Dersleri...*[XVIII]

27 Aralık 1831'de Majestelerinin Gemisi Beagle dünyanın etrafını dolaşmak üzere İngiltere'nin Plymouth Limanı'ndan demir aldığı zaman yolcuları arasında bulunan "geminin doğa bilimcisi" Charles Darwin henüz 22 yaşında, teşebbüs ettiği tıp ve ilâhiyat eğitimlerinin her ikisinde de pek bir varlık gösterememiş, yaşamında tutacağı yol pek de belli olmayan gencecik bir adamdı. Gitmesine baştan razı olmayan babasına gemide harçlığından fazlasını harcayabilirse iki misli akıllı sayılacağını söylediğinde, yetenekli ve deneyimli taşra doktoru Robert Darwin oğluna gülümseyerek "ama herkes bana senin çok akıllı olduğunu söylüyor!" cevabını vermişti.

"Herkes" haklı çıktı. Bu gencecik adam, 1837'de İngiltere'ye döndüğünde birinci sınıf bir doğa bilimci olup çıkmıştı. Evrim Kuramı onun bilimin kalıcı hazinelerine kattığı tek mücevher değildir. Pasifik Okyanusu'nda yol alırken karşılaşılan sayısız atoller (dairemsi mercan adaları) genç adamın dikkatini çekmişti. Bu garip yapılar nasıl oluşuyordu? Mercanların küçük hayvancıklar oldukları, yaşayabilmek için mutlaka güneş ışığına ihtiyaçları olduğu, bu nedenle de yaklaşık 200 metrenin altında yaşayamayacakları biliniyordu. Atollerin dairesel şekilleri, bunların deniz altı yanardağlarının kraterlerinin kenarlarında büyümüş mercan kolonileri olduğu fikrini doğurmuştu.

Geminin küpeştesinden yanından geçtikleri atollerin ve içlerindeki turkuaz lagünlerin doyulmaz güzelliklerinin büyüsü içinde Darwin, bu teoriyi düşünüyordu: Her bir atol, bir krater! İyi de niçin tüm kraterler "tesadüfen hep deniz seviyesinden yalnızca ikiyüz metre derinlikte bulunsunlar?" Haydi diyelim ki deniz dibinin engebelerinden ötürü bu böyle olsun. Peki, ya set resifleri denilen ortada bir kara parçasını çevreleyen atol benzeri mercanlar? Ya saçak resifleri adı verilen ortadaki bir karaya doğrudan bağlı gelişenler? Hele set resiflerinin açıklanması için herkesin kabul ettiği kurama göre ortadaki karanın etrafında bir de krater bulunması gereği? Ya Avustralya'nın tüm kuzeydoğu sahili boyunca uzanan o binlerce kilometrelik dev set resifi? Onun da mı krateri var? Bazıları mercanların sualtı dağ zirvelerinde oluştuğunu savunuyor, bu tür dümdüz mercan setlerini veya atol sıralarını görünce de şöyle diyorlardı: O dağ sıralarının tepeleri hep aynı seviyede miydi? Nerede böyle bir dağ silsilesi görülmüş ki?

Kafasında bu sorular uçuşan genç, diyor ki, atollerin hepsinin deniz seviyesinde bulundukları açık, daha yukarı tırmanmıyorlar. Bazı yerlerde yükselmiş resifler var: Oralardaki mercanlar ölmüş. Bugünkü dairesel mercan adalarının bulunduğu yerlerdeki deniz dış kısımda hızla derinleşiyor, atol lagünleri ise hep sığ. Diyelim ki bunlar tepe yükseklikleri çeşitli olabilen bir dağ silsilesinin yavaş yavaş deniz dibine çökmesiyle oluşmuş olsunlar. O zaman ne olacak? Denizin içine dalan tepenin çevresine önce saçak resifleri oluşacak; tepenin çökmesi devam ettikçe sırayla önce set, sonra da tepe tamamen sular altında kalınca atol resiflerine dönüşecekler. Çökme ne kadar devam ederse etsin, resif yalnız 200 metre derinlikte yaşayabildiğine göre her mercan nesli bu derinliğin altına çöken ve ölenlerin kalıntıları üzerinde yaşamaya ve kireçtaşından iskeletlerini yapmaya devam edeceklerdir.

Bu yeni teoriyi geliştiren genç, hemen önüne haritaları alıyor. Bir de bakıyor ki atollerin olduğu, yani kendi kuramına göre çökme olan yerlerde faal volkanlar yok denecek kadar az, hâlbuki daha önce gördüğü, Güney Amerika And Dağları gibi yükselen yerlerde yanardağdan geçilmiyor. Hemen bir yükselen ve alçalan alanlar haritası hazırlıyor ve yanardağların dağılımıyla birlikte bunların yer kabuğunun dinamizmine işaret ettiğini vurguluyor. Darwin'in mercan adalarının köken ve gelişimleri hakkındaki kuramı 1960'lı yıllarda gelişen levha tektoniği kuramıyla yepyeni ve büyük bir destek daha kazandı. Birkaç gözlem ve bunların çok sıkı bir mantıksal analizinden türeyen bu kuram Darwin'e "bütün imkânsız şıkları temizlersen, geriye kalan ne derece olanaksız gibi görünse de doğrudur" diye ifade edilebilecek olan "dışlama kuralı"nı ilham etmişti. Ama yıllar sonra kendisinin deniz taraçaları diye yorumladığı Glen Roy'un "paralel yolları" denen taraçalarının aslında buzul gölleri tarafından oluşturulduğu kanıtlanınca, Darwin bilimde "dışlama ilkesine" de güvenmenin doğru olmadığını anladı ve bunu açık kalplilikle itiraf etti: "İnsan doğada hiç kimsenin o ana kadar görmediği süreçlerin olabileceğini asla unutmamalı."

İşte biyolojik evrim kuramı, böyle deneyimli bir düşünce ustasının, gelmiş geçmiş en büyük doğa bilimcilerden biri olmakla kalmayıp, aynı zamanda büyük de bir bilim felsefecisi olan bir kişinin ürünüdür. Darwin'in düşünce berraklığını ben geçmişte düşüncesini yakından tanıdığımı sandığım yalnız iki insanda bulabildim: Albert Einstein ve Mustafa Kemâl.

## *Bilimsel Öndeyi ve Komplo Teorisi Üzerine*[XIX]

20. yüzyılda doğa bilimlerinin insan bilgisine yaptığı en büyük katkılardan biri, belki de en büyüğü, doğal olayların önceden istenilen herhangi bir detayda kestirilebilmelerinin mümkün olamadığını göstermiş olmasıdır. Tabiî bir doğa bilimci böyle bir lâf eder etmez akla hemen Heisenberg'in Belirsizlik İlkesi, Bohr'un Tamamlık İlkesi ve Erwin Schrödinger'in Kuantum Kuramı geliveriyor. Einstein bunların üçünün de bilgi eksikliği sonucu ortaya çıkan durumlar olduğunu, daha fazla bilebileydik bu tür istatistikî kuramlara muhtaç olmayacağımızı iddia etmiştir. Buna karşılık, Schrödinger ve genç fizikçiler kuşağı Einstein'a Kuantum eşitliklerinin doğaları itibariyle istatistikî neticeler doğurduklarını, bunun gözlem eksikliği ile bir ilgisinin olmadığını, tabiatın bizzat kendisinin bu şekilde çalıştığını ileri sürmüşlerdir. Einstein'in cevabı meşhurdur: "Der Herrgott würfelt nicht" (Tanrı zar atmaz). Einstein doğanın anlaşılabilir olmasının aslında en anlaşılamaz yanı olduğunu ileri sürüyor, biz hiçbir zaman bilemesek bile kâinatın anlaşılabilir bir bütün oluşturması gerektiğini düşünüyordu. Bu tabiî ki dinsel metafizik bir inançtır ve en iyi yanı da insanı sürekli anlaşılabilir ilişkiler, süreçler bulmaya dürtmesidir.

Einstein'in dinsel metafizik inancı olan tamamen anlaşılabilir evren, elbette ki yalnızca dinsel bir inancın sonucu değildi, büyük ölçüde Newton'un Anaksimandros'tan beri eşi görülmeyen başarısına dayanıyordu. Newton kâinatı en ince detayına kadar hesaplanabilir bir şekle sokmuştu (ki ışık hızının altındaki hızlarda bu hâlâ geçerlidir). Fiziğin kazandığı başarı baş döndürücüydü. Newton'dan sonra doğa bilimlerinin tüm diğer dalları benzer başarı hayâlleri görmeye başladılar: Hutton jeolojinin, Darwin biyolojinin Newton'u olmak azmindeydi. Sosyal bilimler bile aynı hevesin etkisindeydiler. Marx açıkça sosyal bilimlerin Newton'u olmayı hedeflemişti. Tüm bu coşku içinde gözden kaçan, Newton'un en büyük zaferini oluşturan ve Laplace'ı bilimsel falcılığa özendiren geleceğin hesaplanabilmesi keyfiyetinin yalnızca kuramsal olarak mümkün olduğu, gerçek yaşamda ise ancak belirli sınırlar içinde uygulanabileceğiydi. Bunun nedeni hiçbir doğal olayın başlangıç şartlarının arzu edilen herhangi bir detayda gözlenememesiydi. Zira, başlangıç şartlarında ideal hâlden en ufak bir sapma, sürecin daha sonra gelişiminde önceden kestirilemeyen büyük değişikliklere neden olabiliyordu. Bu da 20. yüzyılın son çeyreğinde geliştirilen kaos (kargaşa) kavramının doğmasına neden oldu. Kuramsal olarak fevkalâde basit, önceden tamamen kestirilebilir olaylar, gerçek hayatta hiç de kestirilemeyen neticelere varabiliyorlardı. Bunun en çarpıcı ifadesini bulan meteorolog Edward Lorenz: "New York"ta bir kelebeğin kanatlarını çırpması, Çin sahillerinde ilerleyen bir tayfunun yönünü değiştirmesine neden olabilir" diyor. Veya, yine Lorenz'e göre, bir musluğun altında dönen bir daireye tutturulmuş altı delik bakraçlardan oluşan bir su değirmeninin kaç defa sağa, kaç defa da sola ve hangi sırada döneceklerinin kestirilmesi olanaksızdır.

Bu kadar basit mekanik sistemlerde karşımıza çıkan bu işlevsel önceden kestirilemezlik, Kuantum Kuramı'nın konusunu oluşturan sistemler gibi kuramsal olarak bile önceden kestirilemeyen doğal olaylarla bir araya gelince doğanın anlaşılmasının ne denli güç olduğunu gösteriyor. Doğa bilimleri bu güçlükle her türlü determinizmi à priori reddeden deneme-yanılma adımlarıyla çözmeye çalışıyor ve çok başarılı oluyor. Bu nedenle doğa bilimciler sosyal bilimlere baktıklarında gördükleri manzara karşısında hayretlerini gizleyemiyorlar: Orada ya her şeyi açıklayan Newtonvâri kuramlar dogmalar hâline yükselmiş, din olma yolundalar veya her türlü tahmini reddettiğini iddia eden mikro tarihçiler gibi açıklamak yerine betimlemekle yetinen araştırıcılar inceleme alanını tekrar toplanması imkânsız parçacıklara bölmekle meşguller. Her insanın yaptıklarının aslında niyetlendiğinin çok ötesinde şeylere neden olmasının kaçınılmaz olduğu, bu nedenle genellikle kişi veya grupların komplolarının asla işleyemeyeceği her ne hikmetse görülmüyor. Sürekli başarısızlık, sosyal bilimcileri durmadan metodolojik tartışmalara çekiyor. Hâlbuki ders alabilecekleri çok başarılı bir sistem var: Baksınlar doğa bilimlerine. Sosyal bilimciler, doğa bilimcilerin uğraştıktan sistemleri hep "basitleştirilmiş" bulurlar. Buyursunlar biyolojiye ve jeolojiye bir göz atsınlar. Bir Kretase sonu yok oluşunun mekanizmasının anlaşılması Fransız İhtilâli'nin anlaşılmasından çok daha basit mi? Kanımca bu çok tartışılmaya değer.

## *Albert Einstein ve Bilimsel Safdillik*[XX]

*Time*'ın Albert Einstein'i yüzyılın adamı seçmesi beni çok mutlu etti. Bir başka defa da yazdığım gibi, cennetle mahşeri bu denli iç içe sokan 20. yüzyıl hem bilim tarihinin en büyük sıçramalarına hem de sosyal tarihin en büyük fâcialarına neden oldu. Keşifleri milyonları kurtarırken, felâketleri bir o kadar milyonları cansız, anasız babasız, kardeşsiz, dostsuz, evsiz yurtsuz bıraktı. İnsanları mutlu eden keşifler 20. yüzyılın biliminin ürünleriydi, bir önceki yüzyılın hayâl dahi edemeyeceği adımların sonuçlarıydı. İnsanları bedbaht eden uygulamalar ise 19. yüzyılın sözde bilimsel sosyal kuramlarının dinleşmiş uzantılarıydı, insan düşüncesinin prangalarıydı. Bilimin, yeniliğin meleği Albert Einstein, ömrü boyu insan düşüncesine pranga vurmaya kalkan her şeyle savaştı. İnsanı kâinatın sırlarına götüren o zorlu yolda en büyük adımlardan birini atan bu sevimli ve iyi insan hiç kuşkusuz 20. yüzyılın adamı olmaya lâyıktır. Onun azîz anısı o talihsiz yüzyılın acılarını örtecek, 1900'lü yıllardaki insan aklının zaferini gelecek nesillere taşıyacaktır.

Gelgelelim bu zekâ abidesi çok da saf bir adamdı. Ronald Clark, Einstein hakkında yazdığı biyografide, "Bilim adına, insanlık yararına denildiği vakit kendisine her şeyi yaptırmak mümkündü. Birisi yaptıklarının bilim için, insanlık için olduğunu söylediği zaman, Einstein dönüp bakmaz bile, derhal yardıma koşardı" diyor. Fizikte acımasız bir eleştirmen olan Einstein, bu durumlarda söylenenleri eleştiri süzgecinden sanki başka türlü geçiriyordu. Bir örnek: 1958 yılında Charles H. Hapgood, *Earth's Shifting Crust* (*Dünyanın Kayan Kabuğu*) adlı bir kitap yayımladı. Kitap, kutuplardaki buz birikiminin dönen dünyanın merkezkaç kuvveti nedeniyle kutupları ekvatora taşıyacağı, böylece tüm kabuğun 90°lik bir kaymaya uğrayacağı tezini savunuyordu. Bu zamanın tüm iyi temellendirilmiş bilgileriyle çelişen, jeofiziğin bir yığın gözlemini açıklayamayan, jeolojiyle hiç mi hiç bağdaşmayan, yerbilimci olmayan bir amatör tarafından uydurulmuş tam manasıyla zırva bir teoriydi. Ancak Einstein ölümünden hemen önce bu kitaba uzunca bir önsöz yazarak "Kanımca bu şaşırtıcı, hattâ câzip teori dünyanın gelişmesiyle ilgili herkesin ilgisini ciddî bir şekilde çekmelidir" demişti! Bu Hapgood'un ne tür bir "araştırıcı" olduğunu anlamak için 1966 yılında ilk baskısı yapılan *Maps of the Ancient Sea Kings* (*Eski Deniz Krallarının Haritaları*) adlı eserinde (2. Baskı, 1979) Pirî Reis'in haritasının aslında Antarktika'da buzullardan önce var olmuş büyük bir uygarlığın hazırladığı bir haritanın kopyası olduğunu (!) ileri sürdüğünü hatırlamak sanırım yeter. Bu uygarlık yer kabuğu son 90°'lik kaymasını yapınca buzlar altında kalmıştı! Bu zırva kitabın 3. baskısı 1990'larda (tarihsiz olarak) "bilimsel bir eser" reklâmıyla ve tabiî, okuyuculara, Einstein'in yazarın bir başka kitabına methiye dolu bir önsöz yazdığı hatırlatılarak yapıldı.

Bu safdilliğin nedeni nedir? Einstein çapında bir adam bu kadar kolay kandırılabilir mi? Bunun cevabı -ilk bakışta garip görünse de- evettir. Hem de kanımca çok doğal bir evet. Einstein çok zor bir konuda geliştirdiği sezgisi ile hiç kimsenin aklına gelemeyecek bir yeniliği yakalamış bir insan olarak, sezgilerine çok güvenen bir adamdı. Jeofizikçi Walter Elsässer kendisine ilk kez Princeton'daki ofisinde yer mantosunda konveksiyon fikrini anlattığı zaman Einstein'in yüzündeki ifâdeden anlattıklarına inanmadığını anlamıştı: "İnanmadın değil mi?" diye sordu. Einstein'in cevabı kısa ve karakteristikti: "Fazla karmaşık!" Einstein her şeyin kendi bildiği (ve yarattığı) fizik gibi basit bir yapısı olması gerektiğini düşünüyordu. Sezgisi buydu. Bu sezgiyi jeolojiye uygulayınca Hapgood'un zırvalıklarına yazdığı methiye ve Elsässer'e verdiği cevap çıkıyordu ortaya. Einstein bunların gerektirdiği temel bilgiyi öğrenip, onun üzerinde düşünmek gereğini görmüyordu- zaten buna vakti de yoktu. Sosyal alanda da insanlık, eşitlik ve barış adına kendi politik ideallerine zıt gruplara bunların esaslarını öğrenmeden sırf adlarına bakarak destek verdiği- ve sonra pişman olduğu- görülüyordu.

Eleştirel akıl, Einstein için bile kullanması zor bir silâhtır. Bir görkemli başarının sahibi, dolayısıyla her işte doğrudan başarılı olacak diye bir kural yoktur. Her iş, her fikir kendi ayakları üzerinde değerlendirilmeli, kendi ilgili olduğu gözlemlerle sınanmalıdır. Büyük adamlara saygı duymak onların her dediğine inanmak demek olmamalıdır.

## *Eduard Suess ve Politika*[XXI] *(veya Gerçek Bir Bilim İnsanı Politikacı Olursa Ne Olur?)*

Eduard Suess herhalde gelmiş geçmiş en büyük yerbilimcidir. 1831'de doğmuş, 1914'te, Birinci Dünya Savaşı felâketinin başladığını görmeden yaşama gözlerini kapamıştır. Yaşamının büyük bir bölümünde Viyana Üniversitesi'nde önce paleontoloji, sonra da jeoloji profesörüydü. Her iki hâlde de Avusturya-Macaristan İmparatorluğu'nda bu konuların ilk kürsü sahibiydi. Önce bir müddet İmparatorluk Mineral Müzesi'nde (Hofmineralienkabinett) çalışmış, daha sonra profesörlüğe atanmıştı. Paleontoloji, stratigrafi ve yapısal jeoloji gibi jeoloji dallarına ölümsüz katkılar yaparken, bir yandan da Viyana şehrinin sağlık sorunlarıyla ilgileniyordu. Pek çok can alan tifo salgınlarının yayılım süreçlerini merak eden Suess tifodan kaynaklanan ölüm olaylarının dağılımını haritaladı ve salgınların yeraltı suyunun kullanılmasıyla oluştuğunu keşfetti. Bunun çözümünün Viyana'ya Alplerden su getirmek olduğu konusunda belediye başkanı Cajetan Felder'i ikna etti. Bu suretle 1873'de ilk Wiener Hochquellenleitung (Viyana Yüksek Pınarlar Suyolları) doğdu ve Viyanalılar bugün bile tüm dünyayı imrendiren enfes sularına kavuştular. (Yanılmıyorsam bir Amerikalı 1970'lerde Viyana'da bir apartman binasını satın alarak, musluklarından şişelere doldurduğu şehir suyunu Amerika'ya içme suyu olarak pazarlıyordu!) Suess'ün suyu Johann Strauss'un "Yarasa" operasında hapishane müdürü Frank'ın ağzından dile geldiği gibi, Eduard Strauss da Suess'e ithaf ettiği "Yüksek Pınar" (Die Hochquelle) başlıklı bir polka mazur bestelemiştir.

Bu büyük başarı Suess'e Viyana Belediye Meclisi Üyeliğini getirdi. Daha sonra Suess, Viyana'da sık sık taşkın yapan Tuna'nın yatağını düzenleyen projeyi (Donauregulierung) yaratarak Viyanalıları bir kez daha rahatlattı ve Viyana kendisini onur hemşehrisi seçti.

Suess daha sonra sol liberal parti olan Fortschrittspartei'den (İlerleme Partisi) Parlamentoya milletvekili olarak girdi. Burada en çok üzerinde çalıştığı proje, okulları kilisenin kontrolünden kurtararak tamamen lâik bir eğitim sistemini Avusturya'da egemen kılmaktı. Bu konuda Avusturya'da başarılanların çoğunun altında Suess'ün imzası vardır.

Suess bu faal politik yaşamını 1870' lerin başından 1894'e kadar sürdürdü. Bu arada 130 küsur bilimsel eser verdi; bunların en büyüğü, modern tektoniğin temeli olan 4 dev ciltlik *Arzın Çehresi* adlı eserdir. Suess şehir jeolojisinden sismotektoniğe kadar pek çok jeoloji dalının kurucusu addedilir. Yıllarca İmparatorluk Akademisi'nin önce genel sekreterliğini, sonra da başkanlığını yapmış, bu kurumu dünyanın en gözde bilim kurumlarından birinin düzeyine çıkarmakla kalmayarak, ilk kez Leibniz'in rüyası olan dünya akademiler kartelini kurmuş ve ilk başkanı olmuştur.

Suess vatandaşlarının emrinde dürüst, yaratıcı, çalışkan ve yapıcı bir politikacı olarak bir çeyrek asırdan fazla hizmet verirken aynı zamanda dünyanın en saygın yerbilimcisi de olmasını bilmiş, üniversitedeki derslerini 44 yıllık hocalık yaşamında tek bir kez bile aksatmamıştır. Rusça dahil, Avrupa'da konuşulan hemen tüm dillerde literatür okuyabiliyordu. Ana dili olan Almanca dışında İngilizce, Fransızca, İtalyanca, Latince ve Yunanca'yı çok iyi bildiğini yayınlarından, mektuplarından ve anılarından biliyoruz.

Politik yaşamını, kendi arzusuyla, İmparatorluk Parlamentosu'nda dinci-ırkçı görüşlerin çoğunluk kazanmasıyla noktaladı, kendini tamamen bilimsel çalışmalarına verdi. O dinci-ırkçı görüşler, yalnızca yirmi yıl sonra, Avrupa uygarlığının belki de tarihteki en fecî darbeyi yediği Birinci Dünya Savaşı çılgınlığını başlattılar. Suess ne şanslıydı ki o facianın başlamasından üç ay önce öldü.

Bu yazıyı bilim adamı nedir bilmeyen bazıları öğrenebilir ümidiyle yazdım. Bilim adamı politik yaşama girerse nasıl davranır, neler yapar? Bizde de Fuat Köprülü, Hasan-Âli Yücel, Abdülhak Adnan Adıvar gibi bazı gerçek bilimciler politikaya girmişler, ancak sonları Suess'ünkinden farklı olamamıştır. Onlar da politikadan büyük düş kırıklıkları yaşayarak kaçmak zorunda kalmışlardır. Türkiye Avusturya'dan çok daha ilkel bir ülke olduğundan, onların halkın yaşamına katkıları ne yazık ki Suess'ünkiler kadar etkili ve kalıcı olamamıştır. Ama bu böyle sürmek zorunda değildir. Yeter ki bilimin yararlarını bilelim, bilim adamını gördüğümüz vakit tanıyalım; bilim dünyasının kendilerinden bîhaber olduğu kişileri bilimden pek nasiplenememiş politikacılar "değerli bilim adamı" ilân etmek ve onların eline bilim kurumlarını teslim etmek cür'et ve cesaretini gösteremesinler.

## *Büyük Bir Doğa Bilimci Politikacı Olursa*[XXII]

2014 senesi jeolojinin gelmiş geçmiş en büyük isimlerinden olan Avusturyalı büyük jeolog Eduard Suess'ün (1831-1914) 90. ölüm yıldönümüydü. Bu nedenle Avusturya Jeoloji Servisi'ndeki (Österreichische Geologische Bundesanstalt) dostlarım beni Suess'ün eserinin önemini anlatan bir konuşma yapmak üzere Viyana'ya davet etmişlerdi. Daha sonra da konuşmayı arzu edersem daha genişletilmiş bir şekilde basacaklarını söyleyerek bir metin gönderip gönderemeyeceğimi sormuşlardı. Ben de Fransa'da vereceğim derslerin konusuyla da uyum gösterdiği için bu teklifi kabul etmiştim.

Geçtiğimiz akademik yılın bir kısmını Suess'ün daha önce okumamış olduğum paleontolojik eserlerini okumakla geçirdim. Orada gördüm ki, Suess tektoniğe de paleontoloji kanalıyla girmiş. 1857 yılında ilk kez Viyana Üniversitesi'nde ders vermeye başladığı zaman tüm paleontoloji dünyası Cuvier ekolünün âfetçi görüşünün etkisi altındaydı. Bu görüşe göre, büyük âfetler zaman zaman tüm dünyanın hayvan ve bitki mecmuasını silip süpürüyor, yerine bir şekilde yenileri geliyordu. 1859 yılında Darwin'in büyük eseri yayınlanınca bu değişimlerin büyük âfetlerle değil, doğal seçmenin yavaş yavaş işlemesiyle olduğu fikri egemen olmuştu. "Ama" diyor Suess, 1901 yılında emekli olurken yaptığı veda konuşmasında, "bizde (yani Avusturya'da) gelişmeler tam Darwin'in dediği gibi olmadı. Büyük hayvan ve bitki gruplarının çok kısa zaman aralıklarında topluca ortadan kalktıkları gözlemi yanlışlanmamıştı. Zaten bu böyle olmasaydı, stratigrafik sistemlerin birbirinden paleontoloji kullanılarak ayrılması mümkün olamazdı." Darwin'in tek tek hayvanlar veya bitkiler üzerinde etkili olan doğal seleksiyonu, ilk bakışta bu topluca yok oluşları izah edemezmiş gibi görünüyormuş. Ancak canlıların yaşam ortamlarının incelenmesi göstermiş ki, canlılar içinde var oldukları topluluk içerisinde Suess'ün "sosyal dayanışma" dedikleri bir yapı içerisinde yaşıyorlar. Darwin'in karşılıklı mücadele mekanizmasının yanında, üniversitede meslekdaşı Baron Rokitansky'nin "karşılıklı dayanışma" ve yıllar sonra da Suess'ün yerbilimci meslekdaşı Prens Kropotkin'in "karşılıklı yardım" dediği bir başka mekanizma da çalışıyor. Bu mekanizma yüzünden, bir canlılar topluluğu içerisinde bir veya birkaç canlının yok olması bir zincirleme reaksiyon başlatarak Suess'ün "ekonomik birlik" diye tanımladığı tüm bir topluluğun ortadan kalkmasına neden oluyor. "Ortamdaki küçük bir değişiklik" diyor Suess, "canlılar topluluğu üzerinde büyük bir etki yaratabiliyor ve aslında çok sıradan günlük bir olay jeolojik zabıt içerisinde bakıldığı zaman âdeta bir âfet izlenimi verebiliyor."

Canlıların karşılıklı yardımlaşması ve bir "ekonomik birlik" içerisinde yaşamaları genç paleontolog Suess'ü çok etkilemiş. Daha sonra, Viyana şehri üzerinde yaptığı önemli jeolojik çalışmalar nedeniyle önce belediye meclisine, sonra Eyalet Parlamentosuna ve nihayet de İmparatorluk Parlamentosuna milletvekili olarak seçilince, izlediği siyaset toplum içerisinde karşılıklı yardım mekanizmalarını kurup desteklemek, doğanın nasıl çalıştığını vatandaşlarına öğretebilmek için okul eğitim programlarının uygun şekillerde planlanmasına yardımcı olmak ve doğayı iyi kullanarak vatandaşlarına daha iyi bir yaşam sağlamak gibi konularda yoğunlaşmış.

Suess yalnız bütün dünya çapında çok büyük bir bilim adamı olarak değil, Avusturya tarihinin gelmiş geçmiş en insancıl ve en yararlı politikacılarından biri olarak da iz bırakmıştır. Onun ölümsüz eseri ve eşsiz kişiliği üzerinde çalışırken, bir toplumu yönetecek kişilerin öncelikle doğa bilimleri hakkında ne denli iyi yetişmiş insanlar olmaları gerektiğini düşündüm. 20. yüzyıl, 19. yüzyılın komünist Marx, ırkçı Chamberlin gibi sosyal "bilimcilerinin" etkisinde toplum yönetiminde en önemli faktörün hâlâ iyi gözlem ve kontrol yöntemlerinin oturtulamadığı sosyal disiplinler olması hasebiyle ne yazık ki doğa bilimlerini ihmal etmiştir. Bunun korkunç bilançosu hepimizin malûmudur. Bilim dışı, ama bilimsel oldukları iddiasında olan sosyal öğretiler adına, ırkçı Almanya suçsuz altı milyon insanı fırınlamış, komünist Rusya ve Çin mâsum yirmişer milyon insanı toplama kamplarında veya "Kültür Devrimi"nde yok etmiştir. Doğayı iyi bilen bir insan bu cinayetleri işleyemez. Doğayı iyi bilen Suess ömrü boyu insanlara kardeşliği, karşılıklı yardımı ve içinde yaşadığımız eşsiz güzellikteki doğanın tadını onu öğrenerek birlikte çıkarmayı öğretmeye çalışmıştır.

Gelin Suess'in çizdiği yolu yine bir deneyelim. Bahar geldi: Çocuklarımızı alıp kırlara, dağlara gidelim, oradaki hayvanları, bitkileri, taşları ve doğanın sunduğu o güzel dengeyi onlara anlatmaya çalışalım. Hiç kuşkum yok, böylece yalnızca daha bilgili değil, çok daha iyi insanlar yetiştirmiş oluruz.

## *Sağ ve Sol Söylemi Karşısında Doğa Bilimcinin Şaşkınlığı*[XXIII]

Yaşantım boyu politikadan uzak durmaya bilhassa özen göstermişimdir. Ancak demokratik bir ülkenin bir vatandaşı olarak seçim zamanları geldiğinde oy verme sorumluluğu omuzlara çöktü mü, en azından kime oy verileceği kararı alınırken ister istemez ülkenin politik dünyasında neler olduğu konusunda bilgi edinilmesi gerekmektedir. Bu da yaşam boyu politik dünyanın izlenerek oradan elde edinilen verilerin sürekli değerlendirilmesini kaçınılmaz kılıyor. Ne kadar hoşuma gitmezse gitmesin, bu bir vatandaşlık mesuliyeti. Ancak burada doğa bilimcinin karşısına anlamakta çok güçlük çektiği ciddî bir sorun dikiliyor. Bunu doğa bilimlerinden bir benzetmeyle sunacağım.

İki fizikçi düşününüz. Aralarında şöyle bir tartışma geçiyor:

Ben Newtoncuyum. Fiziğin problemleri ancak Newton'un görüşleriyle halledilebilir.

Ben buna katılmıyorum, zira ben Einsteincıyım. Newton'un fikirleri bir sürü soruna uygulanamıyor. Onun görüşlerini savunanlar gericidir.

Amaç problem çözmek.

Tabiî ki böyle bir tartışma fizik dünyasında mümkün değildir.

Zira herkes bilir ki, Einstein'in fikirleri, Newton'unkilerden daha çok olayı açıklamakta, Newton'un açıklayamadığı Merkür'ün perihelionu gibi olayları ise Einstein'ın teorisi izah edebilmektedir. Ancak Newton'un görüşleri ışık hızının çok altındaki hızlarda o denli iyi sonuçlar vermektedir ki, pratik yaşamın hemen hemen tamamında Newton Mekaniği kullanılır. Fizikçinin amacı eldeki verileri açıklamak, yani problem çözmektir. Bu nedenle eldeki en iyi teorileri kullanır; eldeki teoriler yetersizse, yenilerini geliştirir. Tüm doğa bilimleri de böyle çalışır.

Politikacılara bakıyorum; durum bunun tam tersi. Kimisi solcu, kimisi sağcı; kimisi fazla sağa kaçtığı için, kimisi fazla sofa kaçtığı için veya yeterli sağcı yahut yeterli solcu olmadığı için eleştiriliyor. Herkesin elinde bir reçete, bunu her probleme uygulama hevesinde. Sanki onlar problemlere göre çözüm bulmak zorunda değiller de, problemler kendilerini onların ellerinde taşıdıkları çözümlere göre ayarlamak zorundalar. Bir doktor düşününüz ki, elinde sınırlı sayıda reçete, her önüne gelen hastalığa bunları uyguluyor. Bu bana Yunan mitolojisinde Atina ile Eleusius arasında gelen geçeni boyu belli bir yatağa uydurabilmek için uzatıp kısaltan Prokrustes'in davranışını hatırlatıyor.

Bu duruma ilginç bir paralel de bazı sosyal disiplinlerde görülüyor. Felsefeye bakınız: Burada örneğin Wittgensteinciler, Carnapçılar, Popperciler görürsünüz. Sosyolojide meselâ Marksistler, Durkheimciler, Weberciler çekişir. Bu manzara doğa bilimciler için son derece şaşırtıcıdır. Doğa bilimci, karşısına gelen problemi elindeki tüm imkânlarla çözmeye çalışma alışkanlığına sahiptir. Belirli görüşlere saplanarak yalnızca onların içinden doğaya yaklaşmak aklına gelmez; bunu yapmaya kalkan bazıları ise hızla bilimin dışına itilirler.

### *Doktrin dışı*

Gerçi totaliter politik rejimler altında bazı sözde bilimciler belirli görüşleri değişmez gerçek kabul ederek her şeyi bunlar ışığında değerlendirme teşebbüsünde bulunmuşlardır. Nazi Almanyasında "âri ırka' mensup fizikçiler Einstein'ın teorisine, Sovyetler Birliği'nde de komünist parti koruması altında Lysekno'nun "genetikçileri" Darwin'in Evrim Kuramına politik görüşleri nedeniyle saldırmışlardı. Her iki grup da (pek çok gerçek bilimcinin özgürlüğüne, hattâ yaşamına mâl olduktan sonra) tarihin çöp sepetinde yerlerini aldılar.

Doğa bilimci, belirli doktrinlere saplanmış politikacılara itibar etmez. Onu ilgilendiren, politikacının güncel toplum yaşamında: (1) Hangi sorunları gördüğü; (2) bunlara nasıl çözümler önerdiği ve (3) bu çözümlere hangi yollardan ulaşabileceğini sandığıdır. Doğa bilimci bu bilgiler ışığında politikacının başarı şansını tartar, bunu rakiplerininkiyle karşılaştırır ve oyunu ona göre kullanır.

Bir politikacının "ben sağcıyım" veya "ben solcuyum" şeklindeki ifadelerine eminim pek çok doğa bilimci içinden "Vah, vah! Geçmiş olsun; umarım bundan en kısa zamanda kurtulur da güncel sorunlara bulunabilecek çözümlerle ilgilenmeye başlayabilirsiniz" diyordur. Atatürk onun için, "doktrin yok" demiyor muydu? Onun için "size mirasım doktrin, dogma, ayet, değiştirilemez kalıplar değil, bilim ve akıldır" demiyor muydu?

## *Bilim ve San'atın Sınırında Düşünceler*[XXIV]

Yıllardır bilim ile diğer yaratıcı insan faaliyetleri arasına nasıl bir sınır çekilebileceğini düşünür dururum. Bunlar hakkında en az bilgi ve sezgi sahibi olduğum san'at olduğu için, standart ansiklopedilerin san'at hakkında nasıl bir tanım vermiş olduklarına baktım. Örneğin *Britannica* diyor ki, san'at beceri ve hayâl gücü kullanarak başkalarıyla paylaşılabilecek estetik nesne, çevre veya deneyimler yaratmaktır. *Larousse* ise, bir duygunun, bir tasarının veya güzelliğin ifadesinde kullanılan yöntemlerin tümü olarak betimliyor san'atı.

Kanımca san'at insan zekâsının doğanın keşfi dışındaki tüm yaratıcı ürünlerini oluşturma faaliyetlerinin toplu adıdır. Doğanın keşfi, aslında insan zekâsı tarafından doğanın insan aklı içinde baştan yaratılmasıdır. Gözlem bizi tüm evrene genellenebilecek yasalara götüremeyeceğine göre, bu yasaları biz ancak kendi kafamızdan uydurabiliriz. Daha sonra da gözlemlerle uydurduklarımızın gerçekle örtüşüp örtüşmediğini sınarız. Meselâ Newton'un yerçekim yasasını ele alalım. Bu yasanın betimlemesi uyduruk olmalıdır, çünkü sayısız gözlemi pek detaylı bir şekilde izah ettiği ve 300 yıl süreyle istisnasız doğru kabul edildiği hâlde, Merkür'ün perihelionu gibi olayları açıklayamamış, sonunda Einstein'in Genel Yerçekimi Yasası tarafından rafa kaldırılmıştır. Einstein kendi yasasının da kendi kafasının bir ürününden fazla bir şey olmadığını, zamanla bunun da daha iyisinin uydurulacağını söylemekten bıkmamıştır. Fakat bilimcinin "uydurdukları" derhal başka bilimciler tarafından gözlem raporlarıyla karşılaştırılarak sınanır. Bilimsel bir "uydurmanın" başarısı, gerçekle ne kadar örtüştüğüne bağlıdır, çünkü burda amaç gerçeği keşfetmektir; Einstein'in bir kez dediği gibi, "Tanrının kafasının içini okuyabilmektir."

Hâlbuki san'atın yarattıklarının gerçekle sınanmak gibi bir sınırlamaları yoktur. San'at sâf yaratıcılıktır. Burada, yine Einstein'in bir kez pek haklı olarak değindiği gibi, bilimciyle san'atçının faaliyetleri bire bir örtüşür. Yollar, yaratılan fikir ortaya çıktıktan sonra ayrılır. Bilimci bunu gözlemle sınamaya çalışır, san'atçı ise belki beğendirmeye... Belki diyorum, zira san'atın tamamen beğendirmeye yönelik olması gerekmediği artık hemen herkesçe bilinen bir şeydir. San'atçı bazen beğendirmeye, bazen düşündürmeye, bazen yalnızca etkilemeye çalışır bazen da bunların hiçbirisini hedeflemez: Yalnızca yeniyi yaratmaya, yaratma aşkına çabalar. Bilim adamı doğanın sınırsızlığı içinde hürdür, san'atçı ise tamamen hürdür. San'atçı hiç olmayanı, bugüne değin olmamışı, olamamışı, ne hiç kimsenin, ne de doğanın bizzat kendisinin aklına gelmemiş olanı yaratmak peşindedir. İşte bu kulvarda san'atçının yolu bazen matematikçininkiyle kesişir. Her ikisi de olmayan gerçekleri yaratırlar, sonra birileri bu "olmayanın" aslında "olduğunu" buluverir. Matematik ve san'at, sarmaş dolaş, insan muhayyilesini haritalanmamış yollara, yolsuz alanlara, alansız hacimlere, hacimsiz vakitlere ve nihayet vakitsiz dünyalara sürüklerken, duyularımız da birlikte sürüklenir ve bu yabancı dünyalarda biteviye kendi dünyamızı bulur; bulamazsa bu yabancı dünyalar kendimizinkine geri taşıyarak onu durmaksızın zenginleştirir.

İşte bu yüzden san'at ve bilim birbirinden ayrı iki faaliyetmiş gibi düşünülemezler aralarındaki kesin ayırım çizgisine rağmen. Her ikisi de insan zekâsının sınırsız gelişiminin ürünleridir. Pascal'in dediği gibi, doğa insan zekâsında kendini düşünür. Ben de ekleyeyim: Bilimin görevi ne kadar doğayı keşfetmekse, sana'tın görevi de doğayı zenginleştirmektir. Bu her iki çeşmenin önünde, teknoloji perisi insan yararına bulduğu damlaları testisine doldurur ve bize yaşam veren değirmenin arkına akıtır.

Ne keyifli, ne muhteşem bir dünya değil mi şu içinde yaşamak ayrıcalığına eriştiğimiz!

## *Bilimi Bilim Olmayandan Nasıl Ayırırız?*[XXV]

***Özet***

Bilimi bilim olmayandan ayırmak, yaşamımıza gerçek bilginin mi yoksa masalın mı yön vereceğini bilebilmemiz için önemlidir. Bu aslında yalnız teker teker toplumların değil, tüm insanlığın bekasıyla ilgili, yaşamsal bir sorudur. Bilimin, bilim olmayandan ayrılması ilk kez M.Ö. 6. ve 5.yüzyıllarda Anadolu'nun Miletos şehir devletinde Tales ve Anaksimadros adlı iki düşünür sayesinde gerçekleşmiştir. Bu iki insan, bilimi o zamanın dinini oluşturan Yunan mitolojisinden ayırmanın yolunu, bilimin mantıken tutarlı ve gözlemle denetlenebilir ifâdelerden oluşan bir sistem olmasında bulmuşlardır. Bilim, tüm evrenle ilgilendiğinden ve bilimciler sonsuz sayıda gözlem yapamayacakları için, bilim, genel bir ifâdenin doğru olup olmadığını bilemez; ancak tek bir çelişkili gözlemin herhangi bir kuramı yanlışlayabileceği nedeniyle, en azından neyin yanlış olduğunu bilebiliriz. Dolayısıyla bilim, mutlaka doğruları keşfederek değil, yanlışları ayıklayarak yoluna devam eder. Bilimi diğer sözümona bilgi kaynaklarından (fal, sihir, din vb.) ayıran, yanlışların gözlemle ve herkes tarafından ayıklanabilmesi özelliğidir. Bu suretle insanlık giderek genişleyen bir veri temelini açıklayan giderek daha zengin teoriler kurarak, evreni giderek daha kapsamlı bir şekilde anlayabilir. Emin yaşamanın yolu, kendimizi ve çevremizi anlamaktan geçtiğine göre, "hayatta en hakîki mürşit (kılavuz) ilimdir, fendir. İlim ve fennin dışında mürşit aramak, cehalettir, gaflettir (aymazlıktır), dalâlettir (sapkınlıktır)". Bilim dışında kılavuz aramak, üstelik çok tehlikelidir de!

## *Giriş*

Bilimi, bilim olmayandan ayırmak niçin önemlidir?

Çevrenize şöyle bir bakınız: Sabah kalktığınızda baktığınız aynanın camı, arkasındaki sırın yapılması, kullandığınız diş macununun üretimi, bindiğiniz otomobilin hem yapısı hem kullandığı enerji ...hep bilimin eserleridir. Oturduğunuz ev bilim olmadan ayakta duramaz; hastalandığınızda bilim olmadan hastalığınıza ne teşhis konabilir ne de sizi iyileştirecek ilâç bulunabilir. Bir piknik plânladığınızda, piknik zamanında havanın nasıl olacağını bilim olmadan öğrenemezsiniz. Uzakta oturan dostlarınızla, akrabanızla bilim sayesinde birkaç dakika içinde temas etmeniz mümkündür.

Bu liste sahifelerce, cilt dolusu kitaplar boyunda uzatılabilir, çünkü bilim yaşantımızın her safhasına, her detayına egemendir. Bilim olmadan mağara adamından bir adım öteye gidemezdik.

Ancak insan yaşamını yönlendiren düşünce hazinesi yalnızca bilimden oluşmaz. Bilim dışında san'attan, safsataya geniş bir yelpazeye yayılan pek çok düşünce yöntem ve şekilleri vardır. Bunlar da yaşantımızı yönlendirirler. Bunlardan bazıları olmadan yaşam bilime rağmen pek tatsız olabilir: Kişisel olarak müziksiz, resimsiz, heykelsiz bir yaşamı düşünmek bile istemem. Eski çağlardan günümüze kadar uzanan geniş zaman diliminde yapılan anıtsal binalar, köprüler vb. gönlümü her zaman hayranlık ve mutlulukla doldurmuştur.

Ama insan düşüncesinde sonucu her zaman böyle hoş olmayan bilim dışı düşünce ve uygulamalar da vardır. Hele 20. yüzyıl bunlarla doludur. Bu yüzyılda iki büyük dünya savaşı yetmiş küsur milyon insanın ölmesine neden olmuş, savaşan askerler dışında sivil halk da zarar görmüştür. Daha fecisi, zırva inançlar uğruna milyonlarca insan fırınlanmış, daha çoğu esir ve toplama kamplarında en korkunç şartlar altında can vermişlerdir. Sapık diktatörler, Çin'de daha 60'lı yılların hemen başında yirmi milyon insanın ölümüne neden olmuştur.

Bugün öyle ki ortaokula giden çocukların bile hatırladığı New York'taki 11 Eylül 2001 ikiz kuleler faciası, sapık düşüncelerin ürünüdür. Bu sapık düşünce, korkunç cürümünü, üstelik bilim ve teknolojinin nimetlerinden yararlanarak işlemiştir. İkinci Dünya Savaşı'nda altı milyon suçsuz insanın fırınlandığı cehennemler de bilimin ürünüydü.

Ama Mozart'ın nameleriyle bize mutluluk veren bir Steinway piyanosu da onun çıkardığı sesleri kaydeden ve bize evimizin içinde ulaştıran müthiş elektronik teknoloji de bilim olmadan yapılamazdı.

Demek ki insan yaşamını yönlendiren düşünceler çok değişik kökenlerden, çok değişik yöntemlerle geliştirilebilmekte ve çok değişik içerikler kazanabilmektedirler. Tüm bunlar arasında bilimi nasıl tanıyıp, diğerlerinden ayıklayabileceğiz? Bilimi, onu kullanabilen sapık düşüncelerden nasıl soyutlayabileceğiz? Zira bilimi bu tür sapık düşüncelerle karıştırırsak, ya o sapık düşüncelere esir oluruz veya onlardan kurtulmak telâşıyla, bir Anglo-Sakson deyiminin dile getirdiği gibi, banyo suyunu boşaltalım derken, banyodaki bebeği de suyla beraber boca ediveririz. Türkçemizin güzel bir deyimiyle, sapla samanı ayırabilmemiz lâzımdır, çünkü, aksi takdirde, tehlike büyüktür. Meselâ Orta Çağ'da din bilim sanıldığı için, insanlık korkunç bir cehalet karanlığına yuvarlanmış, meselâ 14. yüzyıldaki kara veba salgını (meşhur "Kara Ölüm"), bir tahmine göre Avrupa nüfusunun üçte birini, bir diğer tahmine göre ise hattâ yarısını yok edebilmiştir.[1]

## *Bu dünya ve alternatif dünyalar*

Bilimin ortaya çıkışı, insanoğlunun, bilginin üretilebilir ve saklanabilir bir meta olduğunu keşfetmesiyle başlar. Bu keşif dönemi çok, ama çok uzun sürmüştür. O kadar ki, bilimle yaşadığımız dönemin yalnızca 2500 yıl olmasına karşılık, bilginin

1. Bu konuda çok sürükleyici bir dille yazılmış enfes bir anlatım için bkz. **Tuchman, B. W.**, 1978, *A Distant Mirror—The Calamitous 14th Century*: Ballantine Books, New York, XX+667 ss.+62 siyah-beyaz ve 9 renkli resim+ bir harita.

üretilebilir, edinilebilir ve saklanabilir olduğunun keşfi süreci yüzbinlerce yıldan fazla sürmüştür!

İnsanoğlu, insan olduğundan beri bilgi çağını yaşamaktadır. Eğer insanı âlet yapan ve bunun yapılmasını öğreten bir hayvan olarak tanımlarsak, insan ilk baştan beri bilgi üretme, edinme ve depolama işini yapmaktadır. Ancak insan içinde yaşadığı doğanın kendi dışında bir varlık olduğunu keşfettiği zamandan itibaren onunla temasa geçmeye çalışmış, başta, bu doğaya kendinden bildiği özellikleri atfetmiştir. Şiddetli bir fırtınayı veya depremi öfke güzel bir havayı ve bolluğu cömertlik; kendine sığınacak yer sağlayan mağaraları tabiatın şefkatli kucağı olarak yorumlamıştır. Aslında doğanın cansız ve düşüncesiz olduğu ilk insanların düşünmedikleri ve kendilerini koruma açısından düşünemeyecekleri ve aslında düşünememeleri gereken bir gerçekti. Eğer insan henüz kendisini koruyacak hiçbir şeyi olmadığı çağlarda içinde yaşadığı doğada yalnız olduğunun bilincine varsaydı, sanırım korkudan yaşamını sürdüremezdi.

İşte bu aşamada insan aklının evrimsel bir aşaması olarak "yalan" keşfedildi. İnsan, kendi aklında senaryolar uydurarak bunları gerçekmiş gibi sunmanın ve başkalarını buna inandırmanın mümkün olduğunu öğrendi. Bu bir nevi "alternatif dünya kurma" işleviydi. Şöyle bir olay düşününüz: Bir avcı yakaladığı avı ailesine götürürken çok hoşuna giden ancak paylaşılması gerektiğini de bildiği bir kısmı kendisi yesin. Grubunun tekdirine maruz kalmamak için, mağarasına geldiği zaman, eksik kısmın bir dalgınlık anında başka hayvanlar tarafından yenildiğini söyleyerek suçunu azaltma yolunu seçsin. Bu iş aslında gerçek dünyaya (yani eti kendisinin yediği dünyaya) alternatif bir dünya (eti aslında olmayan bir hayvanın yediği, aslında olmamış süreci içeren "hayâlî" dünya) yaratma işlevidir.

Bu örneği meselâ bir yıldırım düşmesi olayına da genişletebiliriz. Yıldırım doğa içinde tesadüfen meydana gelen bir elektrik olayıdır. Ama bunun zararını gören ilkel insan bunu kendi kafasında yarattığı alternatif dünyadaki bir gücün öfkesine bağlar. Bilinçli olduğu varsayılan bu güç de bildiği tek bilinçli güç olan insana benzetilir. Sonra kafada yaratılan bu şuurlu güce bir bir isim verilir: Meselâ Sümerlerde Enlil, Yunanlılarda Zeus,

Romalılarda Jüpiter, Cermenlerde Thor... Bu şekilde bir yıldırım düştüğü zaman insan, yarattığı alternatif dünyada hemen bir neden de bulur: Yıldırım düşmüştür, çünkü fırtına tanrısı kızmıştır. O zaman tanrının kızgınlığını gidermek lâzımdır (ki bir daha yıldırım düşmesin, böylece yıldırımdan bir korunma mekanizması gelişitirilmiş olsun). Bu nasıl yapılır? Kızmış bir insanın kızgınlığı nasıl giderilir? Tatlı, onu okşayıcı sözlerle, belki verilecek hediyelerle... İnsan da kafasında var saydığı hayâlî gücü yatıştırmak için ona dua etmeye, adaklar sunmaya başlar. Bu şekilde yalnız bir tanrı değil, onun çevresinde dua sistemleri, kurban ve adak yöntemleri oluşan, bunları düzenleyen ruhban sınıfları meydana gelen koca bir din oluşur. Bu çerçevede, anne ve babasından istekte bulunan çocuk gibi, büyümüş bir olgun insan da bu sefer tanrıdan veya tanrılardan istekte bulunur.

Gördüğümüz gibi, insanın kafasında yarattığı alternatif dünya, onun bu dünyadaki yaşamına yön vermeye, yani onu etkilemeye başlar. Hattâ bazı dinlerde insan kurban edilmesi geleneği gelişmiştir ki, bugün üç büyük din kabul edilen Mûsevîlik, Hristiyanlık ve Müslümanlığın temelinde dahi insan kurban edilmesi geleneğinin olduğunu bu kitaplarda anlatılan İbrahim Peygamber'in oğlu İzak'ı (Mûsevî ve Hristiyanlara göre) veya İsmail'i (Müslümanlara göre) kurban teşebbüsünden biliyoruz.

14. yüzyıldaki korkunç Kara Veba salgınına karşı hiçbir tedbirin alınamamasının nedeni, bu dünyada meydana gelen doğal bir olaya, alternatif dünyada alınan tedbirlerle karşı çıkma teşebbüsüdür. Veba, bu dünyanın doğal bir olayıdır ve bu dünyadan edinilecek bilgiler üzerine kurulacak bir tıp bilimi ile bertaraf edilebilir (ki sonunda öyle olmuştur). Bunu alternatif dünyadaki hayâlî tanrı veya tanrılara dua ile yapmaya kalkarsanız tabiî hiçbir sonuç elde edemezsiniz. 14. yüzyıldan hemen sonra Rönesans ile Avrupa'da dinin otoritesinin sallanmasında, büyük, küçük, iyi, kötü, inançlı, inançsız herkesi ayırım yapmadan etkileyen Kara Ölüm karşısında din adamlarının çaresiz olduğunun görülmesi ciddî bir rol oynamıştır.

## *Bilimin Ortaya Çıkışı*

Bilimin ortaya çıkışına, alternatif dünyaların, bu dünyadaki yaşam kalitemizi arttırmada kifayetsiz olduğunun farkedilmesi neden olmuştur. İlk Çağ Yunanlıları, Zeus'a ne kadar boğa kurban edilirse edilsin, fırtınaların karada ve denizde âfetler yaratmaya devam ettiklerini, Poseidon'a ne kadar yakarılırsa yakarılsın, depremlerin şehirleri insanların başına yıkmayı sürdürdüklerini görerek, bu tanrılara ve sözümona onlara ulaşmayı sağlayan dinlere olan inançları azalmıştır.

Eski Çağ literatürü, Miletos'lu Tales'in[2] (olgunluğu M.Ö.

---

2 Bilimin ortaya çıkışını anlamak için İlk Çağ Yunan dünyasını ve özellikle Anadolu'nun güneybatı sahillerini oluşturan İyonya'yı, İyonya'nın önemli şehir devleti Miletos'u bilmek gerekir. Bu konuda bkz. **(I)** Miletos için: **Gorman, V. B.**, 2001, Miletos—*The Ornament of Ionia*: The University of Michigan Press, Ann Arbor, viii+[i]+304 ss; **Greaves, A. M.**, 2002, *Miletos—A History*: Routledge, London, xi+[i]+177 ss. (Bu eserin Türkçe tercümesi vardır: 2003, *Miletos—Bir Tarih* (çeviren: Hüseyin çınar Öztürk): Homer Kitabevi, İstanbul, 240 ss.; **(II)** Thales ve onu izleyen İyonya doğa bilimcileri için genel olarak bkz: **A)** Türkçe kaynaklar: **Saraç, C.**, 1971, *İyonya Pozitif Bilimi* (*Temel Kaynaklar ve Etkileri*): Ege Üniversitesi Arkeoloji Enstitüsü yayınları No.1, Bornova, İzmir, X+226 ss; **Theil, P.**, 1979, *Dünyamızı Kuranlar* (çeviren Sâmih Tiryakioğlu): Faydalı Kitaplar serisi, no. 181, Varlık Yayınları, sayı 1921, İstanbul, 160 ss; **Kranz, W.**, 1984, *Antik Felsefe—Metinler ve Açıklamalar*: Dünya Kültür Klasikleri Dizisi: 1, Sosyal Yayınlar, İstanbul, 232+[III] ss; **Thomson, G.**, 1988, *İlk Filozoflar* (çeviren M. Doğan): Payel, İstanbul, 439 ss; **Gökberk, M.**, 2002, *Felsefe Tarihi*, 6. Basım: Büyük Fikir Kitapları Dizisi: 38, Remzi Kitabevi, İstanbul, özellikle SS. 20 ve sonrası; Tales ve Anaksimandros için ss. 20-23. **B)** Yabancı dillerde kaynaklar: **Heidel, W. A.**, 1910, *A study of the conception of nature among the pre-Socratics*: Proceedings of the American Academy of Arts and Sciences, c. 45, ss. 79-132; **aynı yazar**, 1933, *The Heroic Age of Science—The Conception, Ideals, and Methods of Science Among the Ancient Greeks*: The Williams & Wilkins Company, Baltimore, vii+203 ss; **Rey, A.**, 1933, *La Jeunesse de la Science Grecque*: La Renaissance de Livre, Paris, XVII+537 ss; **Farrington, B.**, 1944, *Greek Science—Its Meaning For Us* (*Thales to Aristotle*): Penguin Books, Harmondsworth, 143 ss; **Sarton, G.**, 1952, *A History of Science—Ancient Science Through the Golden Age of Greece*: Harvard University Press, Cambridge, xxvi+646 ss; **Schrödinger, E.**, 1954, *Nature and the Greeks*: Cambridge University Press, Cambridge, [i]+97 ss. (Evet, bu kuantum fiziğinin babası olan meşhur Schrödinger'dir!); **Sambursky, S.**, 1956[1987], *The Physical World of the Greeks*: Routledge & Kegan Paul, London, xv+255 ss; **Lloyd, G. E. R.**, 1970, *Early Greek Science Thales to Aristotle*: W. W. Norton & Co., New York, [viii]+156 ss; **Barnes, J.**, 1981, *The Presocratic Philosophers*, revised edition: Routledge & Kegan Paul, London, xxiii+703 ss; **Kirk, G. S., Raven, J. E. ve Schofield, M.**, 1983, *The Presocratic Philosophers. A Critical History with a Selection of Texts*, 2nd edition: Cambridge University Press, Cambridge, 501 ss; **Stückelberger, A.**, 1988, *Einführung in die Antiken Naturwissenschaften*: Wissenschaftliche Buchgesellschaft, Darmstadt, X+214+[3] ss.+VII levha; **Heuser, H.**, 1992, *Als die Götter Lachen Lernten*: Piper, München, 330 ss; **Lindberg, D. C.**, 1992, *The Beginnings of Western Science—The European Scientific Tradition in Philosophical, Religious, and Institutional Context, 600 B.C. to A.D. 1450*: The University of Chicago Press, Chicago, xviii+455 ss. bilhassa yeni başlayanlar için kolay ulaşılabilecek ve anlaşılması basit bir kaynak şu eserdir: **Barnes, J.**, 1987, *Early Greek Philosophy*: Penguin, London, 318 ss. **French, R.**, 1994, *Ancient Natural History*: Routledge, London, xxii+357 ss. C) Thales için bkz: **Costantini, M.**, 1992, *La Génération Thalès*: Criterion, Paris, 210 ss (bu eser Tales ve zamanını genelo larak ele alır); **O'Grady, P. F.**, 2002, *Thales of Miletus—The Beginnings of Western Science and Philosophy*: Western Philosophy Series, Ashgate, Aldershot, Hants, XXII+310 ss.

575) Mısır'a gittiğini ve orada, Nil sellerinden sonra kadastrocuların arazi tesbitlerini yenilerken bazı geometrik kurallar kullandığını görerek bunların aslında isbat edilebilecek ilişkilerin ifâdeleri olduğunu farkettiğini yazar. Tales isbat edilebilecek bu ilişkileri teorem hâline getirmiş, bu bilgiye de bu dünya dışından hiçbir müdahale yapılmadan, yani alternatif bir dünyadan medet umulmadan varıldığını göstermiştir.

Bu çok önemli bir adımdı, çünkü Tales'e, tanrılardan medet umularak çözülmesi düşünülen sorunlara da yalnızca insanın olanaklarını kullanarak çözme girişiminde bulunmak cesaretini vermiştir. Bu şekilde Tales, fırtınalara, depremlere vb. olaylara da doğal çözümler aramaya başlamıştır. Elimize geçen belgeler, Tales'in depremlere şöyle bir açıklama önerdiğini yazıyor: Dünya bir tepsi gibi düz olup her şeyin temel unsuru olan su üzerinde yüzen bir diskten ibarettir. Bu suda, yani okyanusta, şiddetli bir fırtına olduğu zaman bu disk de sallanır ve biz bu sallantıyı deprem olarak algılarız.

Tales bu fikirleri kuşkusuz Mısır'dan ve Mezopotamya'dan öğrenmişti. Ama oralarda bu fikirler binlerce yıldan beri geçerliliklerini koruyan dinsel efsanelerin parçalarıydılar. Tales'in orijinalliği, bu fikirleri yalnızca varsayımlar olarak ele alıp bunların gözlemle denetlenmesini istemesiydi. Bunu hemşehrisi, arkadaşı ve hattâ belki de bir tür öğrencisi olan Anaksimandros'a (olgunluğu M.Ö. 560)[3] anlatarak, Anaksimandros'tan eleştiri istemiş olmalıdır çünkü Anaksimandros bu açıklamaya derhal biri gözlemsel diğeri ise tamamen mantıksal iki itirazda bulunmuştur: 1) Dünyamızı oluşturan taşlar suda yüzmezler. Dolayısıyla dünyanın su üzerinde yüzen bir disk olduğu varsayımı bu gözlemle çelişir. 2) Bir an için bu gözlemsel itirazı düşünmesek bile, dünyanın altındaki suyu ne tutmaktadır sorusuna nasıl cevap verebiliriz? Ona bir cevap bulunsa bile, bu sefer suyun altındaki desteği

3 Anaksimandros belki de gelmiş geçmiş en önemli insanoğludur. Bu büyük adam, yaşamı ve eseri hakkında bkz: **Heidel, W. A.**, 1921, Anaximander's book, the earliest known geographical treatise: *Proceedings of the American Academy of Arts and Sciences, v.* 56, pp. 239-288; **Kahn, C. H.**, 1960, *Anaximander and the Origins of Greek Cosmology*: Columbia University Press, xiii+[i]+249+[1] ss; **Conche, M.**, 1991, *Anaximandre—Fragments et Témoignages*: Épiméthé, Presses Universitaires de France, Paris, 252+[1] ss; **Schmitz, H.**, 1988, *Anaximander und die Anfänge der griechischen Philosophie*: Bouvier, Bonn, V+79 ss.

tutan destek nedir sorusu karşımıza çıkar. Böylece problemin, bir çözüme hiç yaklaşılamadan sonu gelmeyen bir geri çekilmesiyle karşılaşırız ki, bu mantıklı bir yaklaşım olamaz. Bunun üzerine Tales Anaksimandros'a kendisinin bir çözümü olup olmadığını sormuş olmalıdır ki, Anaksimandros şu tarihi cevabı vermiştir: "Dünya boşlukta duruyor." Tales niçin böyle düşündüğünü sorunca Anaksimandros "çünkü dünyanın oraya veya buraya gitmesi için bir neden yok".

Bu muhteşem cevap, hiç kuşkusuz, insan aklının tarihte atabildiği en büyük adımdır. Bu adım o kadar büyüktür ki, yanında Newton'un veya Einstein'in buluşları bile pek mütevazi kalır. Anaksimandros, Tales'in dünyanın suyun üzerinde yüzdüğü fikrinin, problemin çözümüne hiç yaklaşılamadan sonu gelmeyecek bir sorgulamaya neden olacağını görerek çok radikal bir çözüm önermiştir. Önerdiği çözüm, büyük düşünürün "aşağı", "yukarı", "yana", "öne" gibi kavramların tamamen bağıl kavramlar olduğunu kavrayarak dünya dışındaki evrende bu kavramların hiçbir anlamı olamayacağını anlamış olduğunu gösterir. Dolayısıyla dünyanın altı, üstü, önü, arkası, olamaz. Bu nedenle de dünyanın "aşağı" düşmesi gibi bir şey bahis konusu değildir. Onun için dünya boşlukta durabilir. Üstelik dünyanın boşlukta durduğu fikri gözlemle denetlenebilir de. (Gerçekten de bu denetleme daha sonra yapılmış ve doğru olduğu görülmüştür).

Dünyanın boşlukta durduğu fikri o kadar muhteşem bir fikirdir ki, bunu daha sonra *Tevrat*'ın *Eyyûb* Kitabı'nın 26. Bölümü'nün 7. Beyti'nde tekrar görüyoruz:

*"Kuzeyi boşluğun üzerine çekti*
*Dünyayı hiçliğin üzerine astı"*

Dinsel geleneğe göre Tanrı'nın ilham ettiği düşünülen bu kitap, gerçekte Anaksimandros'tan bir yüzyıl sonra yazılmıştır ve, hiç kuşkusuz, burada alıntılanan beyit Anaksimandros'un sözlerinin bir iktibasından başka bir şey değildir! Bunu şuradan anlıyoruz ki, bu sözler Eyyub'un kitabında sırıtmaktadır. Eyyub kitabının yazarı olan kişi Anaksimandros'un yazdığını bildiğimiz kitabıyla Akdeniz dünyasına yayılan bu sözlerini duymuş ve bu kadar muhteşem bir düşüncenin ancak bir tanrı tarafından gerçekleştirilebileceği düşüncesiyle bunları kitabına almıştır. Ancak kitabının geri kalan kısmının bu muhteşem düşünce düzeyinde olmadığı görülmektedir ki, zaten *Tevrat*'ın değişik kişiler tarafından yazılan ve yer yer birbiriyle çelişen Ortadoğu putperest din geleneğinin ürünü metinlerden oluştuğu 19. yüzyıldan beri yapılan detaylı tarihsel ve metin eleştirisi araştırmalarıyla ortaya çıkarılmıştır.[4]

Ancak Anaksimandros'un çözümü, bu sefer depremlerin kökeni sorusunu cevapsız bırakmaktadır. Gerçekte Anaksimandros bu soruya Tales'inkinden daha kapsamlı bir cevap vermiştir. Bu cevap, aynı zamanda Miletos civarında görülen fosillerin kökenini de açıklayan bir cevaptır: Anaksimandros, Miletos civarında bugün denizlerde yaşayan canlılara benzeyen canlı kalıntılarının kayaçlar içerisinde bulunduğu ve (Büyük Menderes deltasının sürekli ilerlemesi nedeniyle -ki bunu Anaksimandros bilemezdi) eskiden suyla kaplı yerlerin karalaştığı gözlemlerinden hareketle denizlerin sürekli bir çekilme içerisinde olduklarını, bir diğer deyişle, dünyamızın giderek kuruduğu kanısına varmıştı. Bu yüzden kuruyan dünya giderek gevrekleşiyor ve gevrekleşip kuruyan kayaçlar zaman zaman ufalanarak çöküntülere ve depremlere neden oluyorlardı. Üstelik bugünkü sürekli su çekilmesi, eskiden her yerin sularla kaplı olduğuna işaret ediyordu. Eğer bu böyleyse, diyordu Anaksimandros, ilk canlılar insan olamazlardı. İlk canlılar bir tür balığa benzer şeyler olmalıydılar. Bunlar daha sonra kabuklu kara canlılarına dönüşmüş, onlardan da sonunda

---

4 Eyyûb Kitabı'nın eski İbrani şiir geleneğinin en güzel örneklerinden biri olduğu söylense de, metnin elimizdeki durumu, papirüs ve deri üzerine yazılan metin parçalarının daha sonra bilgisiz kopyacılar tarafından gelişigüzel çoğaltılmış olması nedeniyle çok fenadır. Eyyûb, Tevrat'ın peygamberlerden sonra gelen azizlerle ilgili kısmında (*Ketubim*) yer alır, ancak değişik Tevrat geleneklerinde *Ketubim* içindeki yeri değişiktir. Aslında Eyyûb diye bir kişinin yaşayıp yaşamadığı bile belli değildir. Babil Talmud'unun "Son Kapı" (*Baba Bathra*) adı verilen bölümünde bildirilen bir geleneğe göre, Eyyûb hikâyesi ders alınması gereken bir masal olarak sunulmuştur. Tüm bu belirsizliklere rağmen, kitabın M.Ö. 4. yüzyılda yazıldığı kesindir. 26. bölümdeki 7. beytin kendisinden önce ve sonra gelen beyitlerde de Anaksimandros'un fikirlerine benzeyen, ancak onların yanlış anlaşılmasından türediği izlenimini veren ifâdelerin yer alması (örneğin, Ay tutulmasının bulutların Ay'ı örtmesiyle açıklanması), kozmoloji ile ilgili beyitlerin Anaksimandros'un eserinden mülhem olduğu izlenimini güçlendirmektedir. Eyyûb kitabının metnindeki sorunlar için bkz: **Torczyner, H.**, 1920, *Das Buch Hiob— eine kritische Analyse des überlieferten Hiobtextes*: R. Löwit Verlag, Wien ve Berlin, IX+[I]+342 ss. Genel ve güzel bir yorum için bkz: **Dhorme, P.**, 1926, *Le Livre de Job*, deuxième édition: Étude Bibliques, Librairie Victor Lecoffre, Paris, CLXXVIII+611+[I] ss. Eyyûb kitabı en geniş olarak M.Ö. 600 ile 200 arasına tarihlenmekte ise de en yetkili tarihçiler, bu aralığı 400-300 olarak kabul ederler. Bu konuda bkz. **Fox, R., L.**, 1991, *The Unauthorized Version—Truth and Fiction in the Bible*: Vintage Books, New York, özellikle ss. 88 ve 410.

insanlar türemişti. Bu şekilde Anaksimandros yaşamın evrimi konulu ilk kuramın da kurucusu olmuştu.

Anaksimandros, dünyamızın davul şeklinde olduğu kanaatindeydi. Bu davulun yüksekliği ile çapı arasındaki oran 1/3 idi. Davulun bir yüzünde biz yaşıyorduk; diğer yüzünde yaşayanlar olabileceğine, ama bu konuda bilgimiz olmadığına da değindiği söylenir Anaksimandros'un. "Davulun alt ve üst yüzeylerinde yaşayanlar" düşüncesi gene Anaksimandros'un "aşağı" ve "yukarı" kavramlarının bağıl olduğunu ne kadar temelli bir şekilde anladığını göstermesi bakımından çok önemlidir.

Anaksimandros astronomik bir model de geliştirmiştir. Davul şeklindeki dünyanın çevresinde tekerlek şekilli içi boş borulara benzer bulutlar farzetmiş, bu bulutların içlerinin de ateşle dolu olduğunu var saymıştı. Bu tekerlek şekilli buluttan borulardaki deliklerden içlerindeki ateş görülüyor, biz de bunları yıldızlar olarak algılıyorduk.

Anaksimandros'un fikirleri muazzam bir kozmoloji oluştururlar. Anaksimandros tüm mitolojilerin ve dinlerin kabul ettiği "dünyanın yaradılışı" fikrini de mantıksız bulmuş olacak ki, reddetmiştir. Ona göre her şey "sınırsızdan" (apeiron) geliyordu. Ona göre, evrenin ne başlangıcı ne de sonu vardı (herhalde başlangıcının olduğu fikrinin, başlangıçtan önceki şeyin başlangıcı sorusunu davet ederek gene problemi çözüme yaklaştırmayan bir sürekli sorgulama sürecini başlatacağını görmüş olmalıydı).

Anaksimandros aynı zamanda doğa olaylarının belirli kanunlara göre cereyan ettikleri fikrini de ilk kayda geçiren insanoğludur.

Bu şekilde Tales ve Anaksimandros, bugün bilim diye bildiğimiz faaliyetin ilk habercileri olmuşlardır. Onların kendimiz, çevremiz ve içimizde yaşadığımız evren hakkında sorulan sorulara verdikleri cevapların, dinlerin, mitolojilerin vb. verdikleri cevaplardan farkı, bu cevapların kendi içlerinde mantıken tutarlı ve gözlemle denetlenebilir ifâdeler olmalarıdır.

## *Tarihte Bilim*

Tüm tarih boyunca bilim dediğimiz faaliyet hep aynı özellikleri göstermiştir:[5] Galilei (1564-1642) teleskopuyla Jüpiter'in aylarını keşfettiği zaman, evrende her şeyin dünya çevresinde dönmediğini isbat etmiş, bundan da Kopernik'in (1473-1543) Güneş merkezli astronomik modelinin doğru olabileceği sonucunu çıkartmıştı. Hâlbuki Kopernik'in modeli Tevrat'ın *Yeşu* Kitabıyla çelişiyordu. Galilei'nin dostu Kardinal (daha sonra Aziz!) Roberto Ballarmino (1542-1621), bu çelişkiye dikkat çekerek Galilei'yi uyardı. Galilei ise Kardinal'e gelip teleskobundan bakarak durumu kendi gözleriyle görmesini teklif etti. Din adamı, "Teleskobun içinde şeytan var" gibi bir iddia ile bunu reddetti.

Bu, tarihte bilimle dinin çatışmasının en meşhur sahnesidir. Din, denetlenmeyi reddeder, çünkü temeli düşünmeden inanmak olan imandır. İman bir güven ifadesidir. Bilimin en önemli özelliği ise hiç kimseye ve hiçbir şeye güvenmemesidir. Bilim mutlaka söylenenlerin temellendirilmesini ister; üstelik bu temellerin herkesin denetimine açık olması şarttır. Dinde ise esas olan kişinin dinin akidelerine hiçbir denetim yapmadan güvenip inanması, yani iman etmesidir. İmanı sarsacak her şey dine göre küfürdür. Bu nedenle, Kardinal Bellarmino, Galilei'nin kendisine uzattığı teleskoptan bakamazdı. Zira akıllı bir adam olan

5 Bilim tarihini öğrenmek isteyenler şu eserlere baş vurabilirler: **Butterfield, H.**, 1949, *The Origins of Modern Science 1300-1800*: G. Bell and Sons, Ltd., London, x+217 ss; **Wightman, W. P. D.**, 1950, *The Growth of Scientific Ideas*: Oliver and Boyd, Edinburgh, x+[ii]+495 ss; **Singer, C.**, 1959[1996], *A History of Scientific Ideas*: Barnes & Noble Books, New York, xviii+525 ss; **Gillispie, C. C.**, 1960, *The Edge of Objectivity—An Essay in the History of Scientific Ideas*: Princeton University Press, Princeton, ix+562 ss; **Dampier, W. C. (Sir)**, 1961, *A History of Science and its Relations With Philosophy & Religion*, fourth edition reprinted with a postscript by I. B. Cohen: Cambridge University Press, Cambridge, xxvii+544 ss; **Mason, S. F.**, 1962, *A History of the Sciences*, new revised edition: Macmillan•USA, New York, 638 ss; **Yıldırım, C.**, 1992, *Bilim Tarihi*: Remzi Kitabevi, İstanbul, 270 ss; **Dosay Gökdoğan, M., Demir, R., Topdemir, H. G., Unat, Y., Kalaycıoğulları, İ. ve Emlü, Y.**, 2001, *Bilim Tarihi Kılavuzu—Buluşlar ve Yapıtlar*: Nobel, Ankara, [III]+340 ss; **Tekeli, S., Kâhya, E., Dosay, M., Demir, R., Topdemir, H. G., Unat, Y., Aydın, A. K.**, 2001, *Bilim Tarihine Giriş*, 3. baskı: Nobel, Ankara, III+[XIII]+465 ss; **Gribbin, J.**, 2002, *Science—A History 1543-2001*: Allen Lane an imprint of Penguin Books, xxii+647 ss. İslâm bilim tarihi hakkında en derli toplu özet, tatminkâr kaynaklarla beraber, şurada verilmiştir: **Sezgin, F.**, 2003, *Wissenschaft und Technik im Islam, c. I Einführung in die Geschichte der arabisch-islamischen Wissenschaften*: Veröffentlichungen des Institutes für Geschichte der Arabisch-Islamischen Wissenschaften, Institut für Geschichte der Arabisch-Islamischen Wissenschaften an der Johann Wolfgang Goethe-Universität, Frankfurt am Main, xii+[ii]+218 ss.

Bellarmino orada ne göreceğini biliyordu. Jüpiter'in etrafında dolanan ayları gördükten sonra imanı ile gördükleri arasında bir seçim yapması gerekecekti. İmanını (ve dinin kendisine bir kardinal olarak verdiği gücü) terk etmemek için hiç bakmamayı tercih etti.

Ancak Türkçemizde hoş bir söz vardır: Gelmesi kaçınılmaz olan bir şeyden duyulan korkunun ne kadar anlamsız olduğunu ifâde etmek için "korkunun ecele faydası yoktur" deriz. Sonunda Bellarmino'nun ve kilisenin direnmeleri boş çıktı ve Galilei'nin söyledikleri genel kabul gördü. Onlar Johannes Kepler'in (1571-1630) yasalarına, Kepler'in yasaları da nihayet Isaac Newton'un (1643-1727) mekaniğine yol açtı.

Newton Mekaniği ile insanlık ilk kez evrenin davranışını gerçekten büyük bir başarıyla açıklayan çok güçlü bir kuram görüyordu. O kadar ki, bu kuram sayesinde daha önce hiç bilinmeyen, görülmemiş nesne ve süreçlerin varlıkları önceden kestirildi ve daha sonra doğrulukları kanıtlandı. Büyük İngiliz şâiri Alexander Pope (1688-1744), Newton'un başarısından o denli etkilenmişti ki,

*"Doğa ve doğanın yasaları gecede saklıydı*

*Tanrı Newton'a 'ol' dedi ve her şey aydınlandı"*[6]

demekten kendini alamamıştır. Ancak bu büyük başarı bir sorunu da beraberinde getirmişti. Bu sorunun hem teolojik hem de mantıkî iki cephesi vardı. Teolojik sorun İrlandalı Psikopos George Berkeley (1685-1753) tarafından dile getirilen "öznel idealizm" felsefesinde özetlenmiştir. Berkeley, insan aklının gözlemin ötesinde olan ve dolayısıyla ancak Tanrının bilebileceği şeyleri nasıl kavrayabildiğini anlayamamış ve bu nedenle Newton'un görülmemiş başarısını açıklayamamıştı. Bu açmazdan kurtulmanın tek yolu, Newton'un bilgisinin gerçek bilgi olmadığını, yalnızca bir varsayımdan ibaret olduğunu farzetmekti. Newton yalnızca "gördüğünü bilebilirdi". Daha fazlasını bilmek ise ancak Tanrıya mahsustu. Bu düşüncelerden Berkeley temeli, "olmak algılanmaktır" (*Esse est percipi*) olan felsefesini geliştirdi. Berkeley, bir şeyin "olabilmesi" için onu "algılayan"

6 "Nature and Nature's laws lay hid in night; God said 'Let Newton be' and all was light."

birilerinin olması gerektiğini iddia etmiş, bir algılayan olmadan olabilmenin ise ancak Tanrının her an mevcudiyetiyle mümkün olabileceğini öne sürmüştür, zira Tanrı her an ve her yerde algılayandır. [7]

Din adamı Berkeley'nin bu görüşleri İskoç aydınlanmasının mimarı addedilen büyük filozof David Hume'un (1711-1776) düşüncesini derinden etkilemiştir. Ancak Berkeley'nin tersine Hume dinsel inancı olmayan bir adamdı. Dolayısıyla Berkeley'nin bulduğu kolay çözüm Hume için kabul edilemez bir yoldu. Ancak Hume da tek tek gözlemlerden genellemelere gitmenin mümkün olmadığı kanaatindeydi. Örneğin, "her kuğu beyazdır" fikri, aslında temelsiz bir genellemedir, çünkü gördüğümüz sınırlı sayıda beyaz kuğuya dayanır. Bugüne kadar var olmuş ve olacak bütün kuğuları görmüş olamayacağımıza göre, "bütün kuğular beyazdır" önermesi ancak ve ancak bir tahmini dile getirebilir. Bu tahminin de geçerliliği beyaz olmayan bir kuğu görülene kadardır (gerçekten de Avustralya'nın batısına giden Avrupalılar orada siyah kuğular buldular!). Buradan da Newton'un teorisinin bir tahmin, yani bir varsayım, bir hipotez olmanın ötesine geçemeyeceği çıkar.

7 Bu görüşleri mizahi bir dille anlatmak için İngiliz Katolik papazı Monsignor Ronald Knox (1888-1957) tarafından şu nükteli şiir (limerick) yazılmıştır:

There was a young man who said "God
Must find it exceedingly odd
To think that the tree
Should continue to be
When there's no one about in the quad".

Reply:
"Dear Sir: Your astonishmen is odd;
I am always about in the quad.
And that's why the tree
Will continue to be
Since observed by, Yours faithully, God."

(Genç bir adam demişti ki, Tanrı
Avluda kimse olmadığı hâlde
Ağacın hâlâ orada olmasını
pek garip bulmuş olmalı.

Cevap:
Muhterem Bayım: Şaşkınlığınızı garip buldum
Ben her zaman avludayım.
Onun için de ağaç orada olmaya devam edecektir
Çünkü tarafımdan gözlenmektedir.
Sadık dostunuz, Tanrı)

Fakat Newton'un teorisinin inanılmaz başarısı, bunun basit bir hipotez olmanın ötesinde bir gerçeği dile getirdiği inancını ilham etmişti insanlara. Bu durum, Königsberg'li büyük coğrafyacı ve filozof Immanuel Kant'ın (1724-1804) bu probleme eğilmesine neden oldu. Kant bir bireyin nihaî genel bilgiye ulaşmasının da mantıken mümkün olmadığının bilincindeydi, zira David Hume'un deneyimimiz dışında olan şeyler hakkında kesin bilgi sahibi olmamızın mümkün olmadığını mantıksal olarak isbat ettiğini hatırlıyordu. O zaman Newton tüm kâinatta geçerli olabilecek fizik kurallarını nasıl bulmuş olabilirdi? Bütün kâinatı gözlemiş olmasına imkân olmadığına göre, Newton'un ortaya attığı kurallar kendi aklının ürünü olmalıydılar. Newton aklında bir seri kurallar "icat etmiş" ve bunları doğaya uygulamış olmalıydı. Dolayısıyla, Kant'a göre, Newton'un "doğruyu" bulması için sırf akıldan başka bir şeyin gerekli olduğu açıktı.

Kant bunu "doğuştan içimizde taşıdığımız bilgiler" kavramında buldu. Örneğin bir üçgenin iç açılarının 180° olması gibi "bilgiler" herkesin kolayca "görebileceği" türden bilgilerdi ona göre, zira bunlar bizim türümüze ait olan, yani doğuşta bizimle birlikte doğan, "à priori" (önceden mevcut) bilgilerdi. Kant, Newton'un gerçeği bulmasını açıklayabilmek amacıyla saf akla ilâveten insanın hakikati idrak etmesi için özel bir ekstra yeteneği olduğunu kabul etmek zorunda kalmıştı. Aslında Aristo'nun (M.Ö. 384-322) nous (idrak) fikrine benzeyen bu fikir Kant'ın en büyük eseri kabul edilen *Saf Aklın Eleştirisi* (*Kritik der reinen Vernunft* [1781]) adlı kitabının da temel fikridir ve kökleri tâ büyük Atina'lı düşünür Platon'un (M.Ö. 428-348) nihayet teolojik bir kavram olan "ölümsüz ruh" fikrine kadar iner.

Kısacası Kant da teolojiye kaymadan Newton'un başarısını izah edememişti!

Kant'ın nerede yanılmış olduğu 19. yüzyıl sonunda Newton Mekaniği elektromanyetizmle uyuşmadığı için klâsik fizik krize girince farkedilebildi. Burada sorun ışık hızında giden nesnelerin Newton Mekaniği'nin kurallarına uymamalarıydı. Bu suretle ilk kez Newton Mekaniğinin tüm evrenin davranışını açıklayan nihaî bir kuram olmadığı, aslında yanlış olduğu görüldü. Kant'ın sorunu, Newton Mekaniğini kesin doğru kabul etmesinden kaynaklanmıştı. Bu şekilde Berkeley ve Hume'un bu teorinin yalnızca bir tahminden, yani bir hipotezden ibaret olduğu görüşleri doğru çıkmıştı. Gerçekten de 1905 ve 1916'da Albert Einstein'in (1879-1955) yayımladığı İzafiyet Teorisi, Newton'un Teorisi'nin yerine geçerek Klâsik Mekaniği rafa kaldırdı.

Ancak Einstein kendi teorisinin de eksik olduğunu söylüyor, evrendeki tüm kuvvetleri henüz kapsamadığı için daha kapsamlı bir teoriye ihtiyaç duyulduğunu anlatıyordu. Ancak Einstein'in teorisinin Newton'un teorisinden daha iyi olduğu, yani daha çok ve daha değişik karakterde gözlemi açıklayabildiği kesindi. Bir başka deyişle, Newton'dan Einstein'a bir gelişme olmuştu. Peki hem Newton'un hem de Einstein'in teorileri Berkeley ve Hume'un dediği gibi tahminden ibaretse bu gelişmeyi nasıl açıklayacaktık? Yalnızca Einstein Newton'dan daha iyi bir tahmin yaptı demek yetecek miydi?

### *Bilimi Bilim Olmayandan Ayırma Kıstası*

Bilimsel gelişmenin açıklanması probleminin hâlli, aynı zamanda neyin bilim olup neyin bilim olmadığına nasıl karar verilebileceği sorununu da çözmüştür.

1933 yılında o zamana kadar pek kimsenin tanımadığı bir felsefeci olan Viyanalı Karl R. Popper (1902-1994) meşhur *Erkenntnis* dergisinde yalnızca iki sahifelik bir makale yayımlayarak bilimi bilim olmayandan ayırmanın yolunun bilimsel ifadelerin yanlışlanabilmesi gerektiği şartı olduğunu öne sürmüştür.[8] Bilim felsefesinde tam anlamıyla bir devrim yaratan bu öneri şu düşüncelerden çıkmıştır:

8 **Popper, K.**, 1933, Ein Kriterium des empirischen Charakters theoretischer Systeme (Vorläufige Mitteilung): *Erkenntnis*, c. 3 (*Annalen der Philosophie,* c. 11), ss. 426-427. Popper bu kısa notunda ortaya koyduğu devrimsel fikirlerini şu çok önemli ve etkili eserinde geliştirmiştir: **Popper, K. R.**, 1935, *Logik der Forschung*: Springer Verlag, Wien, vi + 248 ss. (Bu eserin 10. İngilizce baskısı dilimize *Bilimsel Araştırmanın Mantığı* başlığı ile 1998'de çevrilmiştir: **Popper, K.**, 2005, *Bilimsel Araştırmanın Mantığı* (Çevirenler İlknur Ata ve İbrahim Turan), 3. baskı: Kâzım Taşkent Klâsik Yapıtlar Dizisi, Yapı Kredi Yayınları, İstanbul, 596 ss. Erkenntnis'de 1933'de çıkan kısa makalenin çevirisi, bu tercümenin 356-358. sahifelerinde verilmiştir. Ancak Almanca bilenlere Popper'in her iki eserinin de Almanca orijinallerini okumalarını tavsiye ederim. Logik der Forschung'un yazarın yaşamında yapılan en son baskısı 10. Almanca baskıdır: **Popper, K.R.**, 1994, *Logik der Forschung,* zehnte verbesserte und vermehrte Auflage: J. C.B.Mohr (Paul Siebeck), Tübingen, XXIX+481 ss.

David Hume, insanın deneyimi dışına çıkan konular hakkında kesin bilgi sahibi olmasının imkânsız olduğunu göstermişti. Çünkü tek tek gözlemlerden hareketle genellemelere gitmek, yukarıdaki kuğular örneğinde de gördüğümüz gibi, mantıken imkânsızdır. O zaman bilgi edinmek için ne yapmamız gerekir? Yapılması gereken (ve tüm tarih boyunca zaten bilim insanlarının yaptığı) genel bir problemin çözümü hakkında bir tahmin uydurmak, ancak bu uydurulan tahmini eldeki tüm gözlemleri kullanarak kontrol etmek. Tahmin kontrollerimizden başarılı çıkarsa, onu (Newton kuramında olduğu gibi) "şimdilik" doğru kabul ederek kullanırız. Bu tahminimizin doğru olduğu anlamına gelmez; onu yanlışlayacak bir ters gözlem yapamamışız anlamına gelir. Fakat, tahminimiz tamamen doğru olsa bile biz bunu asla bilemeyiz, zira sonsuz sayıda gözlem yapmamız imkânsızdır.

Ancak tahminimize ters düşen tek bir gözlem, bize tahminimizin yanlış olduğunu hemen gösterir. O zaman yapılacak iş, bu tahminimizi terk ederek, hem eski gözlemleri hem de bu yeni ters gözlemi bir arada açıklayacak yeni bir tahmin üretmektir. Bu yeni tahmin hem eski gözlemleri, hem de eski tahminimizin açıklayamadığı yeni ters gözlemi açıklayabildiği için eski tahminimizden daha iyi bir tahmindir. Böylece eski tahminden yeni tahmine geçişte bir gelişme olmuş olur.

Bunu belki bir kez de şu şekilde ifade etmekte yarar olabilir:

1. Ortada açıklanması gereken *n* sayıda gözlem vardır.

2. Aklımız bunun için bir *A* kuramını (tahminini) "uydurur".

3. *A* kuramı *n* sayıda gözlemle uyum içindedir. Yani *n* sayıda gözlemi "açıklar".

4. Yeni bir gözlem yapılır: *n*+1'inci gözlem.

5. *n*+1'inci gözlem *A* kuramıyla çelişmektedir.

6. *n*+1 sayıdaki gözlemlerimizi açıklayacak yeni bir *B* kuramı aklımız tarafından uydurulur.

7. *B* kuramı hem *A*'nın açıkladığı *n* gözlemi hem de *A*'nın

açıklayamadığı *n*+1'inci gözlemi açıklayabilmektedir.

8. Dolayısıyla *B*, *A*'dan daha gelişmiş bir kuramdır.

9. Yeni gözlemler toplanmaya devam edilir. Tâ ki bir *n*+*m*'inci gözlem *B* kuramını da yanlışlayana kadar.

10. *n*+*m* sayıdaki gözlemi açıklayabilecek yeni bir *C* kuramı uydurulur.

11. C kuramı hem B'den hem de A'dan daha gelişmiş bir kuramdır. Bu şekilde bir A→B→C gelişmesi açıklanmış olur.

Popper'in fikri bilimsel gelişmeyi bugüne kadar en iyi açıklayan tez olarak görülmektedir. Bu tezin bir çıkarımı da gözlemlerle yanlışlanması mümkün olmayan ifâdelerin bilim olamayacağıdır. Bu nedenle din, bilim değildir. Örneğin Orta Çağ'da Paris Üniversitesi gibi ciddî bir yerde "bir iğnenin ucunda kaç meleğin dans edebileceği" gibi sorular doktora konusu olarak işlenebilmekteydi. Ancak meleklerin, herkes tarafından gözlenmesi mümkün olmadığı için, bu soruya cevap verilemez. Veya verilen cevaplar yanlışlanamaz!

Günümüzde de canlı evriminin bir akıllı tasarımcı tarafından tasarlanmış bir süreç olduğunu ileri süren dindar insanlar vardır, ancak bunlar bunun bilimsel bir görüş olduğu iddiasındadırlar. Diyelim ki, dinozorlardan kuşlara geçişi bir akıllı tasarımcı tasarlamıştır. Peki bu kuramı ilkede hangi gözlemlerle yanlışlayabiliriz? Örneğin, Einstein'in İzafiyet Teorisi, eğer büyük bir yıldızın yakınından geçen ışık ışını hiçbir sapma göstermeseydi yanlışlanmış olacaktı. Peki kuşların oluşumunda akıllı tasarımcının rolü konusunda nasıl bir gözlem yapmalıyız ki, ilkede onu yanlışlayabilelim. Bu konuda hiçbir gözlem akıllı tasarımcı fikrini yanlışlayamaz, çünkü ne gözlem getirirseniz getirin, onu da akıllı tasarımcının tasarımının bir parçası saymamak için bir neden olamaz. Akıllı tasarımcı kuramı her şeyi açıkladığı için aslında hiçbir şeyi açıklamaz ve bu nedenle de bilimsel değildir.[9]

Kötü mütasyonlar sonucu sakat doğan çocuklar, bu "akıllı

9 "Tanrılar her şeyi açıklarlar ve bu yüzden hiçbir şeyi açıklamazlar. Doğal olarak bu "Kutsal Kitap" yazarlarının aklına bile gelmeyen (akılcı) bir sıçramaydı." (**Fox, R. L.**, yukarıda adı geçen eseri, s. 170)

tasarımcının" işleri midir? Yani "akıllı tasarımcı" sadist midir ki o küçücük yavrucakları ömür boyu işkenceye mahkûm etmektedir? Kadınların aybaşı kanamaları, çoğalma için gerekli olmakla beraber onlara sıkıntı ve zahmet veren bir olaydır. Akıllı tasarımcı ovülasyonu düzenlemenin daha iyi bir yolunu bulamamış mıdır? Tabiî dindar insanlar tüm bu sorulara hemen cevaplar bulurlar ama bu cevapların yanlışlanması, yani gerçekle temasa gelip gelmediklerinin kontrolü mümkün değildir. Onun için de aklı başında hiç kimse akıllı tasarım gibi fikirleri ciddiye almaz.

## *San'at ve Bilim*

San'at da bilim değildir, zira san'atta bir doğru/yanlış sorunu yoktur. San'at, bireyin (yani san'atçının) hislerinin bir ifâdesidir. Rembrandt (1606-1669) gibi müthiş bir portre ressamının portreleri bir fotoğraf değildir, çünkü o portrelerde, portretistin portre objesi hakkındaki algılamaları yansımıştır. Picasso (1881-1973) düşüncelerini bize çok garip gelen şekillerle ifâde etmiştir. Ama onun bir *Guernica*'sını gören, eğer Guernica Faciasını (26 Nisan 1937, Guernica'nın Alman Hava Kuvvetleri'nin Condor Lejyonu tarafından bombalanması) ve san'atçının düşünce dünyasını tanıyorsa, o resmin başından etkilenmeden ayrılamaz. O resimde dile gelen irrasyonalite, Guernica'nın gereksizce ve vahşice bombalanmasının altındaki akılsızlığı, resmin özellikleri de Guernica'da bombalara hedef olanların çektiklerini çok güzel dile getirmektedir.

San'atın en önemli özelliği yaratıcı olmasıdır. Bilim de tamamen tahminle ortaya çıkan varsayımlara dayandığına göre bilimin de yaratıcılık bileşeninin en az san'atınki kadar olması gerekir. Onun için Albert Einstein sık sık bilim adamıyla san'atçıyı karşılaştırmış, her bilim insanının aslında aynı zamanda bir san'atçı olduğunu, olması gerektiğini vurgulamıştır. Bilim aklın yarattığını gözlemle sınar; yani aklın ürününün gerçeğe ne kadar yakın gelebildiğini anlamaya çalışır. San'at ise yaratılanın onu algılayan üzerinde yaptığı etkiyle tartılır ki, bu tamamen öznel bir kıstastır.

## *Sonuç*

Bilimi, bilim olmayandan ayırmanın yolu, neyin gözlemle sınanabilir, neyin sınanamaz olduğunu tesbit etmektir. Bilim doğru olduğu iddiasında değildir. Ama bilimin tüm ifâdeleri gözlemle sınanabilir ve ilkede yanlışlanabilir olmalıdır. Bu nedenle bilim gerçek dünya hakkında bize bilgi verebilir. Bu bilgi olmadan da yaşamımızı emin bir şekilde sürdürmemiz mümkün değildir. Bu nedenle Atatürk'ün (1881-1938) "hayatta en gerçek kılavuz bilimdir" sözü, bilim/yaşam ilişkileri hakkında bugüne kadar söylenmiş en doğru sözlerden biri; kanımca da en doğrusudur.[10]

## *Teşekkür*

Bu yazının temelini oluşturan konuşmanın yapılmasına vesile olan sevgili dostum Prof. Dr. Gülsün Sağlamer'e ve konuşma metninin mutlaka yazıya dökülmesinde ısrar eden İTÜ Geliştirme Vakfı Özel Ekrem Elginkan Lisesi Müdürü Dz. Öğr. Alb. (E) Sayın Erdoğan Yılmaz'a en içten şükranlarımı sunarım.

10 Atatürk ve bilimsel düşünce konusunda bkz: **Şengör, A. M. C.**, 2005, *Bilim Adamı Olarak Atatürk* [Atatürk as a scientist]: Hava Harp Okulu, [İstanbul], 26 ss. Bu yazı şurada tekrar yayımlanmıştır: **Şengör, A.M. C.**, 2006, Bilim Adamı Olarak Atatürk: *Hava Kuvvetleri Dergisi* Ek, Şubat 2006, 16 pp.

## *Demokrasi ve Bilim Nereye Kadar Bağdaşır?*[XXVI]

Demokrasi ve bilim, toplumda eleştirel akıl egemen olduğu sürece bağdaşır. Başka türlü akıllar egemenliğe geçerse bilimle demokrasinin barışı da biter. Örneğin, topluma dünyanın düz olduğunu anlatmaya kalkan "demokratik" bir yaklaşım, toplum desteği hangi yüzdelere tırmanmış olursa olsun karşısında bilimi bulur. Bu bilim, Galilei gibi tek bir kişi ile de temsil olunabilir, kalabalık bir bilimci eliti ile de. Tarihten bildiğimiz bütün örnekler, bilim karşısında durmaya kalkan tüm demokratik direnişlerin sonunda tarumar olduklarını göstermektedir.

Buna en güzel örnek, M.S. 3. yüzyıldan itibaren Roma İmparatorluğu içerisinde Hristiyanlık sancağı altında başlayan gerici ve akıl düşmanı halk hareketidir Bu hareket, önce cahil ve ekonomik dezavantajlı alt sınıflar arasında başladı, bilhassa İmparatorluk dışından İmparatorluğa akan barbarlar ve köleler arasında yayıldı. Sonra "entel" bir moda olarak İmparatorluğun üst sınıflarının kadınları arasına sızdı, bu sayede imparatorluk sarayına bile ulaştı. Sonunda hareket o denli yaygınlaştı ki, bazıları bundan politik çıkar sağlamayı yeğledi ve bir gün İmparator Büyük Konstantin kendisini ve devletin resmî dinini Hristiyan ilân ediverdi.

Roma'da o zaman bir demokrasiden bahsedilmeyeceği hâlde, tamamen halk baskısı altında, yani demokratik olarak gelişen bu hareketin babaları akıl düşmanıydılar. Orta Doğu'nun binlerce yıllık masallarını, Yunan'ın geliştirdiği bilime tercih ediyorlardı. Kilise babası Tertullianus, "Atina'nın Kudüs'le ne ilişkisi vardır?" diyerek, aklınca Yunan bilimini ve entelektüel üstünlüğünü Hristiyanlıkla karşılaştırarak küçümsüyordu. Hristiyanlığı tamamen politik bir tercih olarak kabul etmiş olan Büyük Konstantin kültürlü bir kişiydi. Marcus Aurelius gibi adını felsefe tarihine yazdırmış filozoflar, Claudius gibi tarihçiler, *Galya Savaşları* adlı eseriyle edebiyat tarihine geçmiş Sezar gibi yazarların yönetmenlik yaptıkları bir geleneğin çocuğuydu. Kendisinden 450 yıl kadar sonra tahta çıkan Şarlman ise tamamen değişmiş bir Avrupa'nın yöneticisiydi. Şarlman'ın Avrupasında inanç egemendi. Krallar ve İmparatorlar ancak Roma'daki ruhanî lider Papa'nın tasdiği ile tahtlarına oturabiliyorlardı. Demokratik baskının ürünü olduğunu gördüğümüz bu Avrupa, Roma Barışını kurmuş ve yüzlerce yıl yaşatmış Roma Avrupasının tersine açlık, sefâlet ve korkunun kol gezdiği, insanın tüm ümitlerini masallara bağladığı korkunç bir cehennemdi. Kutsal Roma İmparatoru olan Şarlman, bırakın bir yazar, bir tarihçi, bir filozof olmayı, okuma yazma bile bilmiyordu. Bu Avrupa, aşağı yukarı 800 sene sonra ancak Arapların koruduğu ve geliştirdiği Yunan eleştirel akılcı öğretilerinin hububat ticaretiyle zenginleşen Kuzey İtalya şehirlerindeki elit arasında yayılmasıyla korkunç kâbustan uyanabildi, inancı silkeledi, bilimi kucakladı. Geçen sabah bilgisayarımı açınca İngiliz hocam Prof. Dr. John Dewey'nin gönderdiği bir gazete haberiyle ürperdim.

"Georgia'da bir okul matematik teorisini yasakladı. Yönetim kurulu üyesi Gus Reese "Sayıların adeta büyülenmiş gibi diğer sayılara dönüştüğü bu esrarengiz süreçten emin değiliz" diyor. "Bu matematikçiler 3 kere 4'ün 12 olduğuna inanabilirler. Ama bu onlara bunu çocuklarımıza empoze etme hakkını vermez." Yeni karar gereği, tüm matematik ders kitapları, matematiğin sayı manipülasyonu hakkındaki pek çok geçerli kuramdan yalnızca biri olduğuna dair bir uyarı bulundurmak zorundalar."

ABD'de okullar demokratik kontrol altındadır. Bu demokratik kontrol, okullarda bir zamanlar Darwin'in Evrim Kuramı'nın okutulmasını da yasaklamıştı. Boşuna mı Lord Bertrand Russell

"Amerika hastadır" demişti; "bu hastalığı da dünyayı tehlikeye atmaktadır."

Amerika'nın hastalığı parmak sayısının gerçeği örtebileceğini sanmasındadır. Unutmaktadır ki, parmak sayısı ancak eleştirel aklın ve onun ürünü olan bilimin yeşerdiği yerde anlamlı olabilir, Eleştirel aklı ve bilimi öldüren demokrasi intihar etmiş demektir. Ama ne edersiniz ki, eleştirel aklın ve bilimin olduğu yerde halkı uyutup cepleri doldurmak da mümkün değildir.

## *Zorbalık Kültürü ve Bilim*[XXVII]

Gelmiş geçmiş en büyük bilim filozofu olarak bilinen Viyanalı büyük düşünür Karl Raimund Popper'in (1902-1994) "eleştirel akılcılık" adını verdiği felsefesinden toplum için çıkardığı en önemli sonuçlardan biri "bırakalım bizim yerimize fikirlerimiz ölsün" dersiydi. Popper, bilimde genel gerçekleri isbat etmenin mümkün olmadığını, ama geneli konu alan her varsayımın bir ters gözlemle yanlışlanmasının mümkün olduğunu göstererek, bilimde gelişmenin giderek daha geniş veri tabanlarına dayanan varsayımların ortaya çıkmasıyla olacağını anlatmıştı. Bunun en güzel örneklerinden biri de Newton'un üç yüzyıl boyunca kesin doğru olduğu sanılan mekaniğinin ışık hızına yaklaşıldıkça işe yaramadığının görülmesi, dolayısıyla yanlışlanmış olmasıydı. Onun yerine İzafiyet Kuramını getiren Einstein, kendi kuramının da bir gün yanlışlanarak daha kapsamlı, doğruya daha yakın bir kuramın ortaya çıkacağını ısrarla söylemişti. Bilimcinin görevi eldeki varsayımları sürekli sınayarak tökezledikleri noktaları ortaya çıkarmak, onları tökezleten gözlemlerle birlikte tüm eski gözlemleri de açıklayacak daha kapsamlı varsayımları üretmektir. Bilim insanı haklı olmayı değil, gerçeği öğrenmeyi istediğinden, varsayımlarını en açık şekilde diğer bilim insanlarının eleştirisine sunar. Varsayımını yanlışlayan meslekdaşına ise ancak şükran duyar, zira o kendisini yanlıştan kurtarmıştır. Hep birlikte daha iyi bir varsayım aramaya koyulurlar. Bu nedenle bilimsel dünyada fikirler çarpışır, onlar savaşır, onlar kendilerini üretenlerden bağımsız olarak ölürler veya galip gelirler. Fikir bir kere ortaya atıldıktan sonra artık orta malıdır; onu herkes koruyabilir veya ona herkes saldırabilir. Ama koruma ve saldırma da fikirlerle olur. Sonuçta bir fikir, aksi isbat edilerek öldüğü zaman herkes mutludur; çünkü insanlık bir yanlışlıktan kurtulmuştur.

Tüm bu davranış tarzı vahşiye yabancıdır. Vahşi, fikrini, düşüncesini kişiliği ile birleştirir; fikrine her saldırı, kişiliğine yapılmış bir saldırı, bir hakaret addedilir. Bu nedenle karşı fikirde olan kişileri de fikirleriyle birleştirdiğinden, onları düşman addeder. Fikirleriyle değil, kişilikleriyle savaşır: Onlara hakaret eder, onlara fizikî olarak saldırır, onları öldürür. Eleştiri onun için kişisel bir küçük düşürme aracıdır; amaç karşıdakiyle birlikte el ele daha iyi bir dünya yaratmak değil, karşıdakini yok etmektir. Bu kişilerin dünyasında mizah yoktur, kaba alay vardır.

Bu tür kişiler kendilerinin veya başkalarının değişmez gerçeği bulmuş olduklarına iman etmişlerdir. Bu nedenle düşünceleri gelişmez. Yaşamları fikri sabitlerle geçer. Düşüncelerinin yanlışlığını anlatmak isteyenleri bu nedenle gerçeği saptırmak isteyen sapıklar, kötü niyetli kişiler olarak bellerler. Kendilerini eleştirene verdikleri cevap ya hakaret ya da fiziksel saldırıdır.

Yirminci yüzyıl bilim düşmanı düşüncelerin, romantik dünya görüşlerinin toplumlara egemen olduğu, dinlerin hortladığı (ve tüm bunun neticesinde yüzlerce milyon insanın korkunç şartlarda öldüğü, hatta fırınlandığı!) pek fecî bir çağ olmuştur. Bu dönemin kötü etkileri bütün dünyada artarak sürmektedir. *Cumhuriyet Bilim Teknik* yayın yönetmeni Orhan Bursalı bir müddettir çok önemli olduğuna inandığım bir fikri ileri sürmektedir: Bilgi üreten insanların oluşturduğu sınıf, bu gidişe karşı sorumlu davranmak ve ona karşı bilginin, aklın egemen olduğu bir dünya yaratmak için ortak harekete geçmek zorundadır. Bu görüşe tamamen katıldığımı söylemeliyim. Her bilim insanı, her öğretmen, toplumun en önemli bireyleri olduklarını bilmelidirler. Her asker, en önemli görevinin, akıl dışılığa (irrasyonalliğe) karşı aklın egemenliğini korumak olduğunu farketmelidir. Eğer aklın ve bilimin egemen olduğu uygarlığı koruyamazsak, hele günümüzün gelişmiş teknolojisiyle, vahşilerin *Mad Max* filmlerinde gördüğümüz korkunç dünyaya bile rahmet okutacak bir cehennemi dünyamızda yaratacaklarından hiç şüphe etmeyiniz. Eleştirene küfürle karşılık vermek, çizilen bir karikatür yüzünden sayıları yüzü geçen insanın ölümüne sebep olmak, irrasyonel inançlara göre toplumu yönlendirmeye kalkmak, bahsettiğim cehennemin dünyamıza yaklaşmakta olduğunun belirtileridir. İyi düşününüz: Çocuğunuzun bir cehennemde yaşamasını istiyor musunuz? İstemiyorsanız, çocuğunuzu modern bilimi öğreten öğretmenlere emanet ediniz, onu dövmek yerine onunla konuşarak onu ikna ediniz, bazen onun haklı olabileceğini düşününüz. Kısacası, bilimsel yaşamayı öğreniniz, zorbalık kültürünü terkediniz.

## *Naciye*[XXVIII]

2002 yılında yazılmış ama yayımlanmamış olan bu küçük öykü, Hasdal ve Silivri'de en verimli dönemlerini geçiren komutanlarıma ve dostlarıma ithaf edilmiştir: Bir gün spor yaparken veya mahkemedeki ziyaretçileri arasında istisnaî güzellikte, beyaz elbiseli, koyu kumral saçlı tanımadıkları genç bir kız görürlerse hiç şaşırmasınlar. "Naciye" kendilerini ziyarete gelmiştir. Bilsinler ki, onlara görünmese bile o onlarladır ve onların haber ve selâmlarını Paşa'sına iletecektir.

Kafkas Dağı'na zincirlenen her Prometheus'un bir Herkül'ü olduğunu "Naciye" kendilerine hatırlatacaktır.[1]

Ankara'nın enfes günlerinden biriydi. Bahar başkenti yeşertmiş, tatlı Mayıs güneşi havayı tâbir caizse "limonata gibi" yapmıştı. 2002 yılının o bahar gününde niçin Ankara'daydım şimdi hatırlamıyorum. Hatırladığım tek şey, otelime gelip bir duş aldıktan sonra karşı durulamaz bir kendimi dışarıya atma ihtiyacının beni hoş bir yürüyüşle Anıtkabir'e getirmiş olmasıydı. Niçin oraya gelmeye karar vermiştim, bunu da artık

1 Bu hikayenin yazılmasından sonra Balyoz, Casusluk, Fuhuş davaları gibi, hedefleri Türk Silahlı Kuvvetlerini zayıflatmak ve gözden düşürmek olan davaların birer "kumpas" sonucu olduğu, bu davaları ortak tezgâhladıkları, bizzat AKP'nin sözcüleri tarafından ifade edilen AKP ve Fethullahçılar birbirlerine düştüler ve AKP, bu işte aldatıldığını, bunu esas tezgâhlayanın Fethullahçılar olduğunu halka söyledi. İtham edilenlerin hepsi beraat etti, ama o kahraman askerlerimizin kariyerleri perişan oldu, ordumuzun aldığı yara henüz sarılamadı ve zarar gören askerlerimizin aileleri yaşadıkları travma ile kaldılar. Bu "kumpasın" tarihimizin en fecî, en korkunç olaylarından biri olduğu bilinmelidir. Bunu yapanların tümü cezalandırılmadıkça milletin vicdanı rahat etmeyecektir.

bilemiyorum. Bunun bilinçli bir karar olduğunu bile sanmıyorum. Bahar havasının letâfeti içerisinde bacaklarım ne hikmetse beni oraya taşımışlardı.

Hayatımda ilk kez yaya olarak Anıtkabir'e geliyordum. Arslanlı yol kapalıydı. Bir tamirat işi sürüyordu. Ben de arslanlı yolun karşısına düşen merdivenlerden çıkarak tören meydanını geçtim ve mozoleye girdim. Havanın nefasetine rağmen, Anıtkabir'de nöbetçilerden başka kimse yoktu. Hayret ettim. Hiç bu kadar tenha görmemiştim bu kutsal mekânı. Mozoleye girip, gözlerim içerinin loş ışığına alışınca, lâhitin tam önünde, yerde diz çökmüş bir kadının bulunduğunu hayretle gördüm. Bu, koyu kumral saçları neredeyse beline kadar uzanan, buğday tenli, ince, narin bir kadındı. Beyaz bir elbise giymişti.

Fakat asıl dikkatimi çeken husus, kadının yüzünü iki eliyle kapamış bir şekilde hıçkıra hıçkıra ağladığını farketmemdi. Bu manzara beni de birden duygulandırdı. Arkasından anlayabildiğim kadarıyla diz çökmüş bir pozisyonda ağlayan kişi genç bir kadındı. Nöbetçilerin bu manzaraya ne tepki verdiklerini görebilmek için şöyle bir etrafıma bakındım. Mehmetçikler, sanki mozole boşmuşcasına gözlerini tam karşılarındaki hayâlî bir noktaya dikmiş taş heykeller gibi nöbet noktaları üzerinde duruyorlardı. Dikkatim, artık mozoleden ve burada gömülü bulunan yüce ölüden ziyade ilginç ziyaretçi üzerinde toplanmıştı. Birkaç metre arkasında ellerimi önümde kavuşturarak durdum, onu seyre daldım.

Ne kadar zaman bu hâlde kaldım bilemiyorum, ama iki eliyle yüzünü kapatarak ağlayan genç kadının ayağa kalkarak geriye döndüğünü nasılsa farkedememiştim. Doğrudan gözlerimin içine bakarak, "İnsan başka nerede kendini bu kadar yakın bir dostun, bu kadar candan bir arkadaşın yanında hissedebilir?" demesiyle irkildim.

Fakat bu kız? Olamaz, diye düşündüm. Bu mümkün değil! Bu ne tesadüf! Bu kız, geçen Eylül Pasadena'da Huntington Bahçesi'nde, bedbin, bir bank üzerinde otururken yanımda bitivermiş olan o esrarengiz, o bilmiş kızdı. O tanrısal yüzü, o enfes kokuyu ve hele o müthiş gözleri unutmam mümkün değildir. Şahâne endamını kaçamak bir bakışla gayri ihtiyârî süzerken gözüm, ilâhi bir heykeltraşın elinden çıktıkları intibaını veren nefis ayaklarını âdeta şefkatle saran, o güne kadar hiç görmediğim bir desende yapılmış zarif sandaletlerine ilişti. Altından oldukları intibaını veren bu san'at eseri ayakkabılar sanki yere basmıyorlardı. Nutkum tutulmuştu: "Siz!... Siz!..." diye kekeliyebildiğimi hatırlıyorum.

"Sizin de bir dostu ziyarete ihtiyacınız vardı anlaşılan" diye bu sefer gülümseyerek sordu. Göz yaşlarının üzerinde gümüşten nehircikler oluşturduğu o enfes yüzündeki samimî ifadesi dışında, daha önce karşılaşmış olduğumuz hakkında hiçbir ipucu vermemesi biraz hayâl kırıklığına uğratmıştı beni: "Evet" dedim, belki de tanınmamış olmak ihtimalinin verdiği üzüntü ve şaşkınlığımdan kurtulamamış olmamın neden olduğu çaresizlik içerisinde, "Ben, ...buraya gelmekten hoşlanırım. Paşaya yakın olmak beni mutlu ediyor; ... içime hoş bir his veriyor. Bilmem ...Herhalde İstanbul'da oturduğum için pek sık gelemiyorum." "Ben de istediğim sıklıkta gelemiyorum buraya" diye karşılık verdi genç kız. "Bazen günlerce burada oturmak geliyor içimden, ama olmuyor işte. Zaten o da buraya gelip miskin bir derviş gibi oturduğumu görse darılırdı; 'Çocuk, başka işin yok mu senin' deyip çatardı mutlaka" "Ne hoş" dedim; "onu belli ki bir yakınınızmış gibi görüyorsunuz."

Bu sözüm üzerine beraberce mozoleden dışarıya doğru yürümeye başlamış olduğumuz sohbet arkadaşım birden dönerek bana baktı. Yüzündeki o arkadaşça gülümseme kaybolmuştu. Hayret, öfke, belki de biraz acıma hisleriyle karışık bu beklenmedik bakış, gözyaşının billûr birer ışıldağa benzettiği, rengini korkunç gök gürültüleri ve yıldırımlar yaratan fırtına bulutlarından almış intibaını veren o lâcivertle siyah arası kocaman gözlerden çıkarak tüm benliğimi kuşatan ışın huzmeleriyle beni esir aldı. İnanılmaz uzunluktaki kapkara kirpiklerin her birinin birer ok hâline gelerek üzerime atılacaklarından korktum! Birden önünü göremez olmuş birisi gibi duraladım. Yürüyüş arkadaşım, içlerine baktıkça insanı âdeta sonsuzluğa çekiyormuş hissini veren o müthiş gözlerini hafifçe kısarak: "Yakınımmış gibi mi? Size onun bana ne ifade ettiğini acaba anlatabilir miyim?" diye sordu. Hiç kuşkusuz bu güzel hanımı istemeden incitmiş, kızdırmıştım.

"Kuşkusuz hayır!" dedim belki de yapmacığa kaçan bir telâşla. "O her Türk vatandaşı için apayrı bir değer taşır muhakkak, herkes kendini ona bir başka yakın hisseder! Bu hassasiyetiniz beni de pek duygulandırdı." (Türk? Halbuki bu kızın Türkiye'nin herhangi bir yerinden olmadığına emindim!)

"Siz hiç alıştığınız yerlerden kovuldunuz mu? Sizin hiç bir gün tüm çevreniz karardı mı? Siz hiç çaresizlik içinde tek başınıza kaldınız mı? Hiç el uzatacak kimseniz bulunmadığı hissine kapıldınız mı? Tüm insanlığın sizden el çektiğinden korktuğunuz oldu mu? Kendinizi boş, değersiz, yararsız buldunuz mu? Bu kâbusun hiç bitmeyeceğini sandığınız bir anda birisi gelip sizi uyandırarak tekrar mutluluğa taşıdı mı? Bunu yapanı yalnız velinimetiniz değil, kendinizden bir parça addetmez misiniz? O size sizin kendi benliğiniz kadar, belki ondan da kıymetli görünmez mi? Sonra ..... sonra bir gün .... siz hiç kendinizden bir parçayı kaybettiniz mi?" Bu sözleri hızla, giderek yükselen bir ses tonuyla söyleyen genç kız, Huntington'da tanıdığım, o rahat, o bilmiş, o hafif müstehzi tebessümlü kız değildi. O kendinden emin, kaya gibi sarsılmaz bir mantıkla birbiri ardına düşüncelerini sükûnetle sıralayabilen kızın, bu asabiyet derecesine yükselebileceği, bu kadar hissî olabileceği aklımın ucundan bile geçmezdi. Tören meydanının ortasında yüzüme karşı haykıran bu genç kadının fırtınalı bir geçmişi olduğuna kanaat getirdim.

Hâlbuki neredeyse tanrısal bir dinginlik içinde bana neler demişti Huntington'da, sekiz ay önceki tamamen bir rastlantı olan karşılaşmamızda: "İnsan aklının, evrendeki en büyük güç olduğuna inanıyorum..." "Fakat" diye sözünü kestiğimi hatırlıyorum gayri ihtiyârî; "insanın yapamadığı o kadar çok şey var ki..." "Tabiî" diye tatlı bir tebessümle karşılık vermişti. "Bireyin gücünden bahsetmiyorum, akıldan genel olarak bahsediyorum. Sizin aklınıza gelmeyen bir şey, bir sorunuzla bir başkasına ilham vererek yepyeni bir düşünce yaratabilir." "Muhakkak" diye kekelemiştim. "Ama" diye devam etmişti sohbet arkadaşım, "bir aklın ürünlerinin diğerlerinden üstün olduğunu bilecek bir ölçü gerek. Ölçüye vurulmamış akıl, değeri belirsiz paraya benzer. Öyle ne kadar çok paranız olursa olsun, ne zengin, ne de fakir olduğunuzu bilebilirsiniz." "Şüphesiz" diye söze başlayarak bir şeyler demeye çabalamıştım. "Aklın değeri kuşkusuz ürettiği faydadadır." "İzin verirseniz itiraz edebilir miyim?" diye gülümseyerek basmakalıp cevabımı perişan etmek üzere olduğunu hissettirmişti. Benim ağzımdan "Buyrun" sözcüğü dökülürken de mantığımı ezercesine devam etmişti: "Fayda bağıl bir şeydir. Bir insana faydalı olan bir diğerinin zararına olabilir. Tüm insanlığa faydalı sanılan bir şey doğaya zarar verip gene insana dokunabilir. Bugün faydalı sandığımız bir şeyin yarın zararını görebiliriz. Sizin düşünceleriniz sanırım fazlaca insan merkezli. Kanımca insanların sorunları da genelde buradan kaynaklanıyor. Peşinden milyonları, milyarları sürükleyen şu öğretilere bir bakınız. Hepsi sonunda bireyin selâmeti amacına hizmet için icat edilmişler gûya. Birey selâmetinin nerede olduğunu bilse, bunlara pabuç bırakmayacak. Bilemediği için, bildiğini iddia eden kişilere körü körüne inanıyor. Bunun tarihte yarattığı facialarıı bildiğinize eminim." "Ne yazık ki evet" diye fısıldadım, başım önümde (kızın parlayan gözlerinde öyle bir derinlik vardı ki, uzunca bir süre baktığımda başımın döndüğünü ilk o zaman farketmiştim). "Ben de siz gelmeden şu geçenlerde New York'ta olan ikiz kuleler felâketini düşünüyordum. Din adına bu cinayetler nasıl işlenir?" "Yalnız din diye düşünmeyin" dedi genç kız. "Ölçüye vurulmayan aklın kontrolü yoktur. Kabı olmayan suyun yeri ve şekli olmadığı gibi."

Genç kızın kendinden emin, sakin tavrı bende âdeta bir aşağılık kompleksi yaratmıştı. Menon'da Sokrates'in sorguladığı köleye dönmüştüm. Karşımdaki "Beni Sokrates'le karşılaştırdığınıza üzüldüm" deyince iyice afalladım! Farkında olmadan söyleniyorum herhalde diye geçirmiştim içimden, bu sefer dudaklarımı iyice sıkarak. "Sokrates bilmediği ve bilemeyeceği şeyleri var sayıyordu. Hâlbuki benim tezim tam tersi. Ben, evrende olanları öğrenmeli insanlar diyorum. Evrenin gerçeği, aklın ölçüsüdür." "Ama bu sonsuz bir iş!" diye heyecanla itiraz ettim. Sohbet arkadaşımın başını hafifçe eğerek o müthiş gözleriyle bana baktığını hatırladım yine içim ürpererek. "Aceleniz varmış gibi konuşuyorsunuz. Evrendeki öğrenilecek şeyleri bitirip ne yapmak niyetindesiniz?" ".......?!" Ağzım açık bakakaldım! Bu soruyu hiç beklemiyordum. "Sıkıntıdan patlarsınız, inanın" diye pek bilmişcesine devam etmişti. "Zaten mesele şu andaki sorunları çözmek değil mi? O sorunların çözümleri, şimdi akla bile gelmeyen ne başka sorunlar, ne türlü olasılıklar sunacaktır insanlara. İnsanlar sorunlarını çözmenin zevkini yaşarken onların kendilerine sunacağı yeni açınımların sezgisiyle sevinmelidirler. Her şeyin cevabını bildiğini iddia eden her kim veya her öğreti yalnız yalancı veya yalan değil, aynı zamanda bön bir insan, verimsiz, kupkuru bir öğretidir. İnsan mutluluğu bilmekte sanıyor. Bence mutluluk öğrenmektedir. Her şeyi bildiklerini iddia eden bir sürü iddia, inanç, şu son yüzyıllarda öğrenilenler karşısında âdeta çocuk masallarına dönmedi mi? Tabiat yalanı kaldırmaz! Onun için aklı tartacak tek ölçü gerçektir. Ama her gerçeği kesin bilmek olanaksızdır. Tabiî bu onların peşinden gidilmesin demek değil. Yalnız her adımda aklın sınırlarının farkında olunmalıdır. O yeter. Öğrenildikçe o sınırların geliştiği görülecektir. Tarih bunun en güzel isbatı değil mi?"

Ben bir cevap vermeye çabalarken sohbet arkadaşım birden ayağa kalktı. "Çok özür dilerim, size pek lâf bırakmadım, ama gitmeliyim artık" diyerek beni bankın üzerinde şaşkınlığımla başbaşa bırakıvermişti. "Amacım biraz olsun sıkıntılı düşüncelerinizi dağıtıp sizi azıcık ferahlatmaktı. Neyse, Türkiye'ye selâmlarınızı götüreceğim, Bizim Denizimize de!" Vedâ etmeden, elini uzatmadan dönmüş, Huntington Müzesi'ne doğru uzaklaşmıştı. Arkasından bakakalmıştım: "Bizim Denizimize mi?!!" Sonunda şaşkınlığımı ve uzaklaşan zarif endamın büyüsünü yenip en azından adını öğrenebilmek için peşinden koşmuştum. Nâfile! Müzenin önünde koca bir kokteyl partisi vardı. Kalabalık içinde esrarengiz sohbet arkadaşımın izini kaybetmiştim.

Huntington Bahçeleri'nde tanıyabilmek için peşinden koştuğum bu akıl perisinin, Atatürk'ün yanına gelerek huzur ve rahatlık aradığını ve belli ki bulduğunu görüyordum şimdi de. Şahsen tanımış olmasına imkân olmayan ölmüş bir insanı bu gencecik kızın "yakın bir dost, candan bir arkadaş" olarak görmesinin nedenini şiddetle merak ettiğim hâlde, o anda içinde bulunduğu ruh hâlini düşünerek, kendisine sormaya cesaret edemedim. Kızın fırtınalı olduğunu aklımdan geçirdiğim geçmişinin Atatürk'le ne ilgisi olabilirdi? "O, bence hayattır" diye devam etti esrarengiz arkadaşım, sormaya cesaret edemediğim soruma cevap verircesine.

"İnsanın yaşamını zehir eden, hayatını elinden alan, onu kul, köle eden, haysiyetini ayağa düşüren ne varsa aptallığın eseridir" dedi damdan düşercesine.

Gene Huntington'da konuştuğumuz akıl bahsine geri dönmüştük!

"Aklınızdan bunun aslında cehalet olduğu gibi düşünceler geçiyor. (Bu kızın aklımdan geçenleri okuyabildiğini unutmuştum!) Cehaletin de nedeni aptallıktır. Aptallık öyle şekillere bürünür ki, tüm insanları bir araya getirseniz o çeşitlerin hepsini saydırmanız mümkün olamaz. Herkes gibi ben de aptallık kurbanıyım. Doğal değil mi? Bu evrende aptallığın kurbanı olmayan ne vardır, ne olabilir, kim olabilir? İnanın, tanrılar bile onun elinden kurtulamazlar. Bu mozolede yatan ve benim kendisini ziyaretten mutluluk duyduğum, güç aldığım insan ise gördüğüm, bildiğim, tanıdığım en etkili aptallık panzehiridir. Buraya gelir içimi ona dökerim, onunla konuşurum. Onunla konuşmayı istediğim ama konuşamadığım gibi konuşurum. Onunla dertleşmek istediğim, ama dertleşemediğim gibi dertleşirim. Ona sığınmak istediğim ama sığınamadığım gibi sığınırım. Onu ne kadar özlediğimi size ben bile anlatamam! Etrafımdaki aptallık beni boğacak gibi olunca buraya kaçar, onun karşısında, bazen saatlerce otururum. Ancak onun yanında, onun yakınında, her köşeden beni tehdit eden aptallıktan korunduğum izlenimini edinir, rahatlarım.

Onun bir insan olarak kendini diğer insanlara bu kadar adaması, onların yaşamını bu denli derinden ve bu denli olumlu etkilemesi en içten hayranlığımı kazanmıştır. Ama insanı bu denli yücelten mutlaka bir de diyet öder, bilirsiniz kuşkusuz. Onun da son günlerini Çan Kaya'ya bağlı, orada yalnız olarak geçirmesi sembolik değil mi? Bir kartalı eksikti diyeceksiniz. Ama onun da sonunda giden ciğeri olmadı mı! O ciğeri yiyip bitirenler de kötü ruhlu Tifos'un, canavar Ekidne'nın ürünleri değil mi? Bazen Gökyüzü ne kadar da zalim olabiliyor. Size ışığı getirmesinin, insan kafası içinde hapsolmuş olan nuru serbest bırakmasının cezasını orada çekti. Ah! Onunla bir konuşabilsem!"

Bunları söylerken, güzel gözlerini dolduran yaşlar taşmış, kadife yanaklarından aşağıya süzülüyordu. O an, bana bakan yüzün bir insana ait olamayacağı gibi bir hisse kapıldım.

(Zaten insanlardan bahsederken hep "siz" demesi bir garipti. Ya Atatürk'ü "özlediğini" söylemesi ?!) Kız yalnızca çok güzel değil, âdeta büyüleyiciydi. Karşısında kapıldığım hissi ifâdeden âcizim. Söyleyebileceğim tek şey, sözlerini dinlerken bütün vücudumu bir ürpermenin kapladığıdır. Düşünüyorum da, Huntington'daki konuşmamızda da böyle olmuştu. Sanki başka bir dünyadan gelmiş birisiyle konuşuyordum. Kızın insanüstü güzelliği, yaydığı tanımı olanaksız hoş koku, elbisesinin alışılmamış kesimi ve yere basmadan yürüyormuş hissini veren altın sandaletleri .... ve söyledikleri ... ve söylediklerini söyleyiş tarzı! Bunların hepsinin bir arada ifâde ettikleri anlam kafamın derinliklerinde bir yerde saklı duran bazı bilgilerle sanki örtüşüyordu, gelgelelim bu bilgileri oradan çıkarıp düşünmeye dahi cesaret edemiyordum. Bir an aklımı zâyi edip etmediğimi düşündüm; endişe ve telâştan terlediğimi, bunaldığımı hissettim. Ama Huntington'da soramadığımı soracak kadar kendimi toparlayabildim sonunda:

"Afedersiniz. Adınızı öğrenebilir miyim?"

Genç kız bu soru üzerine tekrar ve yaramazca gülümsedi: "Ah siz bilim adamları! Her şeye bir ad vermeseniz olmaz değil mi? Bir adımın olduğunu da nereden çıkardınız?"

Bu kızın artık hiçbir sözü beni şaşırtmıyordu. Kendimi de hayrette bırakan bir sükûnet ve kararlılıkla:

"Peki, size nasıl hitap edebilirim?" diye sordum.

"İşte bu hiç aklıma gelmedi! Ben çok kişiye hitap ettim de, birisinin bana böyle yekten hitap etmek isteyeceğini doğrusu düşünmemiştim. Bilmem, ... isterseniz Naciye deyin... Nasıl? Bu adın hoşunuza gideceğini umarım. Neyse, gitmem gerek artık. Belki gene bir gün görüşürüz. Naciye dediniz mi cevap veririm. Söz! .... Ha, siz jeologsunuz, yani madenci de sayılırsınız değil mi? Bana en büyük arzumu yerine getirmemde belki bir gün bir yardımınız dokunabilir. Kim bilir? Hoşçakalın." Bu sözleri söyledikten sonra, Huntington'da yaptığı gibi, hızlı adımlarla, adeta uçar gibi nöbetçilerin arasından geçti, merdivenlerden aşağıya indi ve gözden kayboldu. Daha önce karşılaşmış olduğumuz konusunda hiçbir ipucu vermemesi beni hem şaşırtmış, hem de, ne yalan söyliyeyim, üzmüştü. Hâlbuki bu kızın, Pasadena'da görüp konuştuğum kız olduğu konusunda en küçük bir şüphem yoktu. Yalnız olağanüstü görünümünü ve o inanılmaz nefasetteki kokusunu değil, Türkçe'yi konuştuğu ve ondan önce hiç kimsede duymadığım, kulağa çok hoş gelen melodik aksanını da unutabilmem asla mümkün değildir.

Bana kendisini tekrar görmek istersem nerede bulabileceğimi sormak için fırsat tanımamıştı. Ya benim "madenciliğimle" ilgili söyledikleri (onu da nereden biliyordu?!)? Yine peşinden koştum, ama merdivenlerin önündeki parkta ve yol boyunda kimse yoktu. Belki de ben görmeden tuvalete falan girmiştir diye geri dönerek, biz konuşurken merdiven başında duran binbaşıya birkaç dakika önce önünden geçen beyaz elbiseli kızın ne tarafa gittiğini görüp görmediğini sordum.

"İki saatten beri sizden başka kimse gelmedi bu tarafa efendim."

"Aman sayın binbaşım nasıl olur? Yalnızca birkaç dakika önce önünüzden âdeta koşarak geçen genç kızı görmediniz mi?"

"Hayır efendim. Buradan kimse geçmedi."

"Fakat binbaşım, ben mozoleden bir kızla birlikte çıktım, tören meydanının ortasına kadar beraber konuşarak yürüdük. Hattâ bir ara bayağı yüksek sesle konuşuyordu, neredeyse bağırıyordu; duymuş olmanız gerekir. Sonra benden ayrılarak bu merdivenleri indi ve kayboldu. En çok iki metre önünüzden geçti."

Binbaşıyı bırakarak, arkasında nöbet tutan Mehmetçiğe seslendim:

"Çocuğum, buradan biraz önce genç bir hanım geçmedi mi?"

"Görmedim efendim!"

Merdivenin öteki yanındaki nöbetçiye koştum: Nafile, o da merdivenden inen kimseyi görmemişti. Üstelik kimse konuştuğumuzu da duymamıştı.

Şaşkınlık içerisindeydim. Kız kaybolmuştu! Kelimenin tam anlamıyla sırra kadem basmıştı! Bu kayboluşla birlikte kızın güzelliğinin, kokusunun, elbisesinin, altın sandaletlerinin ve sözlerinin çağrıştırdıkları, kafamın saklandıkları köşesinden yavaş yavaş çıkarak düşüncelerimi işgal etmeye başladılar. Ama aklımdan geçenler olmuş olabilir miydi? Böyle bir şey mümkün müydü, nasıl gerçek olabilirdi? Masal dünyasında mı yaşıyordum? Yoksa bütün bunlar bir rûya mıydı ...?

Bu sorular kafamda uçuşurken, gözümün önüne tavında koca bir kılıcı dövmekte olan meşin önlüklü topal bir demircinin uzak ve silik hayâlinin gelmesiyle irkildim. Bu hayâl nereden çıkmıştı? Düşüncelerimi kontrol edemiyordum, başım dönüyordu, çevremi seçemiyordum sanki... Gerçek ve masalı ayıramaz olmuştum... Çan Kaya, 'Naciye'nin Paşa'nın yenip biten ciğerinden bahsetmesi, eksik olan kartal, Tifos, Ekidne, Gökyüzü'nün zulmü, madenci ... 'Naciye'nin' arzusu ...topal demirci ...kılıç ...???

Bunaltının beni boğduğu soğuk terlerin içerisinde kontrolümden çıkmış olan düşüncelerim ve engelleyemediğim hislerimle cebelleşirken bembeyaz bir baykuşun bir pikeyle alçalarak üzerinde "egemenlik ulusundur" yazan duvarın üzerine konması beni tekrar gerçekler âlemine çekti. Bu muhteşem kuşun iri gözlerinin içinde de Naciye'nin gözlerinde hayret ve hayranlıkla gözlediğim o garip, ürkütücü, fakat aynı zamanda bulunduğum mesafeden seçilebilecek kadar büyüleyici bir güzellikte, fırtınalı bir gök yüzünü andıran lâcivert-siyah renk egemendi. Uzun tüylü ayakları âdeta altın sarısı olan gösterişli hayvan hemen sonra tekrar havalandı, mozoleye daldı, içeride bir tur attı, çıkarak yükseldi, mozolenin üzerinde bir daire çizdi ve batmakta olan güneşe doğru ihtişamla kanat çırparak uzaklaştı!

"Paşanın güzel ziyaretçisi kimdi tam emin değilim, ama" diye geçti içimden, "adının Naciye olmadığı muhakkak! Ancak onu gerçekten Naciye imiş gibi sevdiğine hiç kuşkum yok. Ben de Huntington'da herhangi bir akıllı ve tatlı bir kızla konuşmamış olduğuma artık eminim.

Paşa da onlardandı belki: "Işık yaratanlardan, aydınlık getirenlerden."

## *Yanlışlanabilirliğin Asimetrisi ve Liberal Düşünce*[XXIX]

Yurdumuzda son yıllarda yaşanan bilgi kirliliğinin en önemli öğelerinden biri, yobazlığın düşünce özgürlüğü, yobaz çığırtkanlığının liberallik ve bilimsel düşüncenin modası geçmiş pozitivizm diye topluma sunulmasıdır. Bu düşünce demetinin kasıtlı olarak bazı mihraklar tarafından pazarlandığı kesindir. Ancak ben bu düşünceleri, sanki iyi niyetli ama bilgisiz insanların düşünceleriymiş gibi ele alarak ne kadar temelsiz ve zırva olduklarını anlatmaya çalışacağım. Anlatacaklarım modern bilim felsefesinin konuları arasındadır ve Galilei'den Einsetin'a pek çok bilim insanı tarafından çeşitli vesilelerle dile getirilmiştir (Felsefeciler bunları en erken 18.yüzyılda tartışmaya başladılar).

Modern bilim felsefesinin esaslarından biri Karl Popper tarafından ilk kez 1933 yılında ifade edilmiş, 1934 yılında da bir kitap çerçevesinde tüm cepheleriyle sunulmuş olan "yanlışlanabilirliğin asimetrik olduğu"dur. Comte'un pozitivizmi, yani her türlü gerçeğe salt gözlemle mutlaka ulaşılabileceği fikri bu buluşla çökmüştür. Genel önermeler (ör. yerçekimi kanunu) ve hakkındaki tüm bilgilerin toplanmasının artık mümkün olmadığı şeyler (ör. Perm devri sürüngenleri soğuk kanlı mıydılar? Cengiz Han her gün muntazam beş defa tuvalete gider miydi?) yalnızca yanlışlanabilirler, fakat doğrulanamazlar. Yerçekimi Kanununa uymayan tek bir gözlem, bu kanunun reddine neden olur. Perm devri sürüngenlerinde bulunabilecek tek bir kürk örtüsü soğukkanlı tezini çürütür. Cengiz'in yaşamından tek bir detaylı gündelik haber her gün muntazaman tuvalete gittiği tezini çürütebilir. Ama bunları isbatlamaya yetecek kadar gözlem yapamazsınız.

Mutlak gerçek olmak iddiasında olan dinlerin ileri sürdüğü pek çok ifade çürütülmüştür. Dünyanın din kitaplarında yazdığı gibi yaratılmadığını kesinlikle biliyoruz. İnsan ve hayvanların da din kitaplarında anlatıldığı şekilde ortaya çıkmadıklarını biliyoruz. Doğa olaylarının da orada anlatıldığı gibi olmadığı isbat edilmiştir. Yani bu kitapların her şeye kaadir bir tanrıdan gönderilmedikleri kesindir. Aklı başında yorum, bu kitapların zamanlarının bilgi düzeyini yansıttıkları ve insan eliyle oluşmuş olduklarıdır. Bu açıkken, toplumun hâlâ orada yazanlara saygı göstermesini beklemek, bir kesiminin ve bazı kurumlarının oradaki bilgilere göre düzenlenmesine izin vermesini istemek hangi akla sığar, bunu anlamaktan acizim.

Herkes inancında serbest olmalıdır. Buna itiraz yok. Ama hiç kimse cemiyetin yanlışlığı açıkça bilinen bilgilere dayanılarak kısmen bile olsa düzenlenmesini bekleyemez. Bunu beklemek özgürlüğe saygı duymak demek değil, cehalete boyun eğmek demektir. Çıplak erkek görmek istemeyen kadın doktor veya çıplak kadın görmek istemeyen erkek doktor topluma potansiyel zararlı bireylerdir ve bunlara izin verilemez (boğulan kadınları kurtarmayan inançlı erkekleri düşününüz). Neye dayandığı belirsiz ortaçağ hukukuyla 21. yüzyılda yaşamaya kalkan birey yalnız kendine değil, çevresindekilere de zarar verir. Toplum buna izin veremez. Okullarda evrim değil, zırvalık okunmasını isteyen birey, topluma zararlıdır (çünkü tıbbi gelişmelere potansiyel düşmandır, örnek: George Bush), buna da toplum izin veremez. Hasta çocuğunu doktora değil, üfürükçüye götüren yobazın, kasten adam öldüren eli kanlı katilden hiçbir farkı yoktur, toplum böyle bir cinayete seyirci kalamaz.

Bu listeyi daha çok uzatabilirim. Bugün insan uygarlığı çok az şey öğrenebilmiştir. Bu doğrudur. Ama yazı yazmayı yalnızca 5000 yıl önce keşfetmiş olan biz insanlar bugün içinde yaşadığımız kâinatın yaşının 13,7 milyar yıl olduğunu öğrenebildik.

Bildiklerimiz çok olmayabilir, ama katettiğimiz mesafe muhteşemdir ve bunu yalnızca bilime borçluyuz. Bilimin ise en faydalı yanı bize neyin zırvalık olduğunu açık seçik göstermesidir. Zırvalığı savunan, toplumun izin veremeyeceği şeyleri "modası geçmiş pozitivizm" diye tezgâhlamaya çalışan zır cahil kafa liberal değildir, yalnızca cahildir. Bilimi savunana bilimperest demek, yalnızca tapınmaya programlanmış zavallı bir kafanın mahsulüdür. Liberal, kelime anlamıyla, hür serbest insan demektir. Siz hangi hür aklı başında insanın yerçekimi kuralını kısıtlayıcı diye reddedip pencereden atladığını gördünüz? Yerçekimi kuralı uyulması gereken bir kural da, meselâ evrim kuralının koyduğu sınırlamalar (ör. sürekli akraba evliliklerinin zararları) değil midir?

Liberallik, işi yanlış ayıklamak olan bilimi yaşam biçimi olarak alan, zırvalıklara karşı insanın yüceliğini, onun haysiyetini ve aklını savunan kişilerin mesleğidir, bilim düşmanlığı yaparak yobaz pazarlayanların değil. Bu burada da böyledir, Avrupa'da da Amerika'da da!

## *Ağlayan Meryem, Aziz Gennaro'nun Kanı ve Azize Rosalina'nın Kemikleri*[XXX]

Dinlerin varlığını iddia ettiği her mûcizenin, biraz yakından incelenince son derece sıradan olayların cehâletten kaynaklanan yorumlarından ibaret oldukları görülmüştür. Hani Orta Çağda falan bu tür cehaleti anlamak kolaysa da, 21. yüzyılda bu tür zırvalara inanan insanları uygar toplumlar içerisinde bile görmek insanı gerçekten şaşırtıyor. Buna benzer en son haber Paris'ten hem de bir Türk'ün evinden geldi: Efendim, 2006 yılında Paris'te ikâmet eden bir vatandaşımıza Lübnanlı bir rahip tarafından hediye edilmiş olan yağlıboya bir tablodaki Meryem Ana tablosu ağlamaya başlamış 12 Şubat'tan beri! Şimdi de bir din adamı ekibi gelip bu tabloyu inceleyeceklermiş (bence önce evdeki nem durumunu incelemeye bir tesisatçı falan getirseler daha iyi olur). Tabiî bu konuda ben burada naklettiklerim dışında hiçbir detaydan haberdar değilim.

Ama 19. yüzyılda Oxford Üniversitesi'nde ilk kez jeoloji dersleri vermeye başlamış olan Dekan William Buckland'ın benzer "mûcizeleri" aydınlatması meşhurdur. Buckland heyecanlı bir öğretmen ve enfes bir konuşmacı olmasıyla şöhret yapmış, Charles Lyell gibi modern jeolojiyi yaratanlardan bazı önemli bilim insanlarını jeolojiye kazandırmış olan ve kendisi de önemli bir bilim insanı olan bir şahsiyettir. Buckland'ın özel meraklarından biri de hayvanlar âlemindeki (dışkı ve sidikler dahil) her şeyi tatmak gibi garip bir hobisi olmasıydı. Evine misafir gelen davetlilerine bazen fil pirzolası, bazen bir timsah filetosu, bazen iguana eti ikram ettiği söylenir.

Buckland evlenince eşini de alıp İtalya'nın güneyinde bir balayına çıkmış. Bir din adamı olduğu hâlde (dekanlık rütbesi üniversite değil, kilisenin verdiği bir rütbeydi) dinin mucizelerine inanmaması dindar ev sahiplerini kızdırmış, inancını tazelemek için kendisine Azize Rosalia'nın kemiklerini Monte Pellegrino'nun yüksek sırtlarındaki bir mağaradaki inziva hücresinde göstermeye karar vermişler. Karşılaştırmalı anatomiyi iyi bilen Buckland "kutsal" (!) kemiklere şöyle bir bakmış: "Azize Rosalia'nın kalıntıları ha? Bana sorarsanız keçi kemikleri" demiş. Bunun ardından o kutsal yer derhal ziyaretlere kapatılmış! Daha sonra Napoli'de Aziz Gennaro'nun kanının her yıl nasıl tekrar sıvılaştığının kendisine gösterilmesi üzerine, derhal dizleri üzerine çöküp yerdeki sıvıyı yalayan Buckland bunun kan değil, heykelin üzerine akan yarasa sidiği olduğunu ilân etmiş.

İtalya'da, Torino'daki Vaftizci Yahya (Yohannes Prodromos) Kilisesi'nde bulunan "Torino Kefeni" adı verilen pamuklu bez parçasının üzerinde bulunan insan görüntüsünün İsa'nın çarmıha gerilmesinden sonra cesedinin üzerine örtülmesi esnasında bu beze nakşedildiğine inanılır. 1988'de Papalık, üç ciddî araştırma merkezinin (Oxford Üniversitesi, Arizona Üniversitesi ve İsviçre Federal Yüksek Teknik Okulu) bu bez parçasından alınan örnekler üzerinde radyokarbon yöntemiyle yaş tayini yapmasına izin verdi: Yaşlar bezin, bırakın İsa'nın kefeni olmayı, 13 ilâ 14. yüzyıla tarihlenmesi gerektiğini gösterdi. Bu ölçümlere bilhassa dindar takımdan bir sürü itiraz geldiyse de, 2008'de *Nature*'da çıkan bir yazı radyokarbon yaşının yanlış olması ihtimalinin pek de akılcı olmadığını gösterdi. Üstelik İsrael'de yapılan arkeolojik kazılarda bulunan ve İsa'nın çarmıha gerildiği yıllara ait kefen kumaşlarının dokusunun Torino Kefeni'ninkinden çok daha ilkel olduğu görüldü.

Mûcize, doğanın normal işleyişinin dışında cereyan ettiği kesin olan olaylara verilen bir isimdir. Bugüne kadar bilimin aydınlatamadığı iyi belgelenmiş hiçbir mûcize yoktur. Mûcize'ye inanmak yobaz için öyle bir ihtiyaçtır ki, arada bir Ayasofya'yı yurtdışından gelen dostlarıma gezdirirken, inançlarının yönü kılık kıyafetlerinden belli olan bazı kişilerin bana meşhur dilek deliğinin Hızır'ın parmağı ile Ayasofya'yı Kâbe'ye yönlendirmesi esnasında oluştuğunu anlatmaya çalıştıklarına şahit oluyorum. Bu insanları önce sabırla sonuna kadar dinliyorum, sonra da ellerinden tutup onları Ayasofya'nın ekseninden güneydoğuya kayık bir şekilde inşa edilmiş olan mihrabına götürüyorum. "Biraz akılcığınızı kullanın" diyorum "Hızır, binayı çevirebilmiş olsaydı, bu mihrabı Kâbe'ye dönük olabilmesi için Fatih böyle yamuk yaptırmak ihtiyacını duyar mıydı?"

Aklı başında görünen insanların din adına karşılarına gelen bir sürü zırvalığa inanabilmelerini çocukluğumdan beri hiç anlayamamışımdır. Başından beri bu durum, insanlığın en önemli sorunları arasındadır. Bu zırvalıklar uğruna tarihte dökülen kanın, tahrip edilen kültür eserlerinin haddi hesabı yoktur. Liberalizmin tamamen çarpık (bazen maksatlı) yorumlarından türeyen bu tür zırvalıklara saygı gösterilmesi ısrarını ise hiç mi hiç anlayamıyorum.

## *Dinin Yok Ettiği Kültür*[XXXI]

Hayvanları doğaya karşı koruyan fiziksel güçleri ve fiziksel güçlerini yönlendiren, onlara beceri kazandıran içgüdüleridir. Belirli bir düzeye kadar bazı hayvanlar "öğrenirler", "alışkanlıklar kazanırlar" Bunlar da onların doğa içerisindeki yaşamlarının ne derece başarılı olacağına katkıda bulunur. Hayvanların yapamadığı, olayları akıllarının yardımıyla eleştirel bir süzgeçten geçirerek onlardan ders çıkarmak ve ondan sonraki yaşamlarını çıkan dersler ışığında yönlendirmektir. İnsanı hayvandan ayıran en önemli özellik, eleştirel analiz ışığında öğrenmek ve yaşamını öğrenilene göre baştan programlama yeteneğidir. Ancak nasıl hayvanlar yalnızca bir dereceye kadar "öğrenip" bazı davranışlarını ona göre ayarlayabiliyorlarsa (bu davranış bilhassa evcil hayvanlarımızda çok göze batar), insanların bazıları da kültürel nedenlerle eleştirel yeteneklerini sadece bir dereceye kadar kullanabilmektedirler. Eleştirel yeteneklerini tam kullanamayanlar sık sık ya kendilerinin ya da başkalarının düşüncelerinin kurbanı olurlar.

Tarihte böyle bir kurban olma olayının en güzel örneklerinden biri Paskalya Adası'ndaki kültürün dinin etkisiyle ortadan kalkmasıdır. Dinin yalnızca bir düşünce ürünü olduğunu fark edip onu eleştirerek değiştirmek yerine Paskalya Adası yerlileri dinleri uğruna kendi yaşamlarını feda etmişlerdir.

1726 'da Avrupalılar Paskalya Adasına vardıkları zaman adada tek bir ağaç yoktu. Sayıları 200 kadar olan insanlar küçük kabilelere bölünmüşler ve tam bir sefalet içerisinde açlıkla mücadele etmekteydiler. Hâlbuki adada geçmişte daha yüksek bir kültür düzeyinin hüküm sürmüş olduğunu gösteren işaretler vardı. Maoi denen dev kafa heykelleri özellikle plajlarda yüzleri ada içine bakacak şekilde Ahu adı verilen dev platformların üzerine sıralanmışlardı. Adada yaşayan ve kendilerine Rapanui halkı diyen yerliler, bunların Maoilerin atalarının ruhları olduğuna inanıyor ve onlardan yardım diliyorlardı.

Heykeller adanın jeolojik temelini oluşturan volkanik kayaçlardan yapılmışlardı. Bu taşlar arasında en serti olan bazaltlardan toki adı verilen bir nevi murç üretilmiş, bu murçlarda da diğer dev heykeller bazaltlardan ve daha yumuşak olan volkanik tüflerden yontulmuşlardı. Heykellerin pek çoğunun siyah bazaltlara nazaran daha zengin bir renk çeşitliliği gösteren kırmızı ve gri tüflerden yontulmuş, pukau adı verilen şapkaları da vardı. Heykeller ve şapkaları adanın iç kesimlerinde olan taş ocaklarında yapılıyor, adada eskiden çok bol olduğu pollen incelemeleriyle ortaya çıkan *Jubea chilensis* türünde bir palmiyenin gövdelerinden oluşturulan raylar üzerinde kaydırılan tahta kızaklarla plajlardaki ahu platformlarına çekiliyorlardı. Platformların yanında bulunan ağaç kaldıraçlarla da bu heykeller, şimdi bulundukları yerlerine dikiliyorlardı.

Palmiye Adası'ndaki nüfus zamanla artınca, *Jubea chilensis* ormanlarının giderek temizlenerek yeni köylere yer açılması gerekti. Ama küçük ada hızlı artan nüfusu besleyemez hâle gelince iç harp çıktı. Savaşan taraflar tanrılardan daha çok yardım alabilmek için daha çok maoiler yaptılar ve bu nedenle daha çok ağaç kestiler. O kadar ki, günün birinde Paskalya Adası'nda tek bir palmiye kalmadı. Hızlanan erozyon toprağı süpürüp götürdü ve tarım imkânsız hâle geldi. Açlık arttı ve nihayet bir zamanların parlak Rapanui kültüründen geriye 1726 yılında Avrupalılar tarafından bulunan yarı aç 200 zavallı kaldı.

Bu zavallılar bir zamanlar atalarının yazdıkları ve İndus yazısı ile büyük bir benzerlik sunan yazıyı okumayı bile unutmuşlardı. Bu yazıları içeren kohau rongo rongo (konuşan odunlar) İç

Harbin son yıllarında büyük ölçüde ya bağnazlık yüzünden ya da odun ihtiyacını karşılamak için yok edilmişlerdi.

Rapanui kültürünü yok eden, çevresini öğrenip anlayacak ve ona göre bir yaşam stratejisi geliştirecek bir uygarlık geliştirememiş olmasıydı. Körü körüne inanılan bir din adanın yaşamı mümkün kılan ormanlarının yok olmasına neden olmuş, bu da Rapanui kültürünün sonunu hazırlamıştı. Bir başka ifade ile, doğa bilimlerinin olmaması Rapanui kültürünün doğa ile diyaloga girememesine neden olmuştu. Doğanın mesajlarını alamayan Rapanuiler sonunda doğaya yenik düştüler

Bugün de Batı dünyası içinde Paul Gross ve Norman Levitt'in "akademik sol" adını verdiği genellikle varoluşçular, hermenötikçiler, rölativistler ve dekonstrüktivistlerin bazı uç elemanlarından oluşan bir "felsefe" grubunun, sözde "bilim sosyologlarının", ekomistik yeşillerden oluşan sözde çevrecilerin, militan feministlerin bir alt grubunun ve etnokültürcülerin, yobaz/mistik ve vahşi kapitalist sağın önemli bir kesiminin oluşturduğu bir doğa bilimi düşmanları grubu vardır. Bu grup doğa biliminin gerçeği arama iddiasının boş olduğunu ve bu nedenle doğa biliminin dinler, büyücülük, falcılık gibi faaliyetlerle bir tutulması gerektiğini, bilime bunlardan daha büyük bir otorite tanınmaması gerektiğini iddia etmektedirler (Sovyetler Birliği'nde Lysekno'nun proleter bilimi ile Nazi Almanya'sındaki âri bilim aynı iddianın ürünleriydi). Rapanui kültürünün başına gelenler, bu iddiaların ciddiye alınması hâlinde -ABD'de bunların hükümet düzeyinde ciddiye alınmaya başladığını gösteren ürkütücü işaretler vardır- bugünkü Batı uygarlığının -dolayısıyla tüm insanlığın- başına geleceklerin küçük bir örneğidir.

## *Kullukla Bireylik Arasında Yaratıcılık*[XXXII]

"Tanrı niçin yaratıcıdır?" sorusuna verilebilecek en doyurucu cevap belki de "Tanrının Tanrısı olmadığı için"dir. Yaratıcılık daha önce olmayan bir şeyi var etmektir. Bu yeni varoluş iyi olabilir, kötü olabilir, güzel olabilir, çirkin olabilir, faydalı olabilir, zararlı olabilir. Fakat dikkat ederseniz tüm bu sıfatlar "birilerine göre"dir. İyi - kimin için? Kötü - kimin için? Güzel- kimin gözünde? Çirkin -kimin gözünde? Faydalı -kime? Zararlı -kime? Efesli büyük Heraklitos bakın bu göreceliği nasıl dile getiriyor: "Deniz hem en temiz hem de en pis sudur: Balıklar onu içebilir ve onda yaşam bulur; insanlar içemez ve onda ölümü bulur." "Eşekler çöpü, altına tercih ederler." "Maymunların en güzeli insan ırkıyla karşılaştırılınca çirkindir; insanların en akıllısı, bir tanrıyla mukayese edilince aptal görünür." Yaratılan bir şeyi "birilerine" beğendirme sevdası, yaratandan çok, beğenenin zevkini, bilgisini, görgüsünü yansıtır. Yaratan beğendirme kaygısı içindeyse yaratıcılığı sınırlı demektir; en kötüsü, beğenecek olana bir şeyler öğretmesi çok güç olur. Dikkat edilirse, çocuğun yaratıcılığının çevre baskısını anlamaya başlamasından itibaren azaldığı görülür. Dehâ, çoğu zaman bu baskıyı görmezden gelebilme becerisinin derecesidir.

Yaratıcılığın iki tür olduğu söylenir, bilimsel ve san'atsal. Gûya bilimsel yaratıcılık keşfe, san'atsal yaratıcılık ise icada yönelik olandır. Birincisi, olan bir şeyi bulup ortaya çıkarma, ikincisi ise olmayanı var etme becerisi olarak görülür. Hâlbuki, olanı bulup ortaya çıkartmak pek çok zaman -hele "olan" nitelikleri ve/veya boyutları yüzünden bireyin tek başına gözleyebileceğinin ötesindeyse- ancak onu bireyin kafasında baştan yaratmakla mümkündür. Kimse ne bir atomu, ne de kâinatın tamamını görmüştür, ancak her ikisinin de yapısı ve diğer pek çok özellikleri hakkında detaylı bilgilere sahibiz. Bu bilgiler, onları keşfeden Einstein, Bohr, Heisenberg, Schrödinger gibi bilimcilerin kafalarında kelimenin tam anlamıyla baştan yaratılmışlar, sonra bunlardan yapılan gözlenebilir çıkarımlar eldeki verilerle kontrol edilmiştir. Heisenberg, Goethe"nin Newton'a matematiği işin içine fazla karıştırdığı, daha doğrusu doğayı somuttan soyuta "indirgediği" için kızmasını, san'atçının, bilimin de yaratıcılığının aynı san'atınki gibi çalıştığını anlayamaması şeklinde yorumlamıştır. Heisenberg, yaratıcı aklın ürünü olan soyut bilginin gözlem sonucu biriken somut bilgiye olan oranının artmasının bilimsel gelişmenin kaçınılmaz bir sonucu olduğunu vurgulamıştır, ancak bu suretle, "görmediğimizi de bilmek" mümkün olmaktadır.

Bilimsel yaratıcılıkta tek hakem doğanın kendisidir. Ya san'atta? Orada san'atçının kendisinden başka bir yargıç düşünemiyorum. Doğanın hakemliği bilimi ne derece nesnel yapıyorsa, san'atçının kendi eseri üzerindeki paylaşılamaz yargısı da san'atı o derece öznel yapar. Bundan kurtularak bir tür evrensellik kazanabilmek için san'atçı, Schiller'in dediği gibi, yukarı doğru, kendi haysiyetine ve kendini yönlendiren yasaya bakmalıdır, aşağıya doğru, kendi kişisel gereksinimine ve mutluluğuna değil. Ancak kendini tatmin edeni, kendi beğendiğini, kendi arzuladığını, kendi içinden geleni yaratmalıdır. Ondan sonra bu yaratılan, tüm aklî ve duygusal şekiller içinde "mümkün" ve "elzem" ile yoğurularak bunlardan nihayet ideal yaratılmaya çalışılmalıdır. Bu yaratılan çevre tarafından beğenilir veya beğenilmez. Bu yaratan san'atçı için önemli değildir. Gene Schiller'in sözüne dönelim: O, yaptığını sessizce sonsuz zamanın içine atar -ve bu suretle nesnelleştirir, Popper'in III. Dünya'sının parçası yapar. Bugün beğenilmeyen, işe yaramayan bir eser yarın zevkleri fethedip, hayatî bir mekanizmanın parçasını oluşturabilir. 18. yüzyıl kâşiflerini dehşete düşüren dekolte yerli kıyafetleri, 200 yıl sonra uygar dünyada da egemen olmadılar mı?

Peki, zevkin mutlak bazı ölçüleri olamaz mı? Ağıza anılması bile bazı san'atçıları dehşete düşüren böyle bir nesnelleşmenin mümkün olabileceğinin ilk işaretleri müziğin bazı türlerinin fraktal bir yapıya sahip olduklarının bulunmasıyla ortaya çıkmaya başladı. Ama bu konuda henüz alınacak çok yol var: hem san'atların incelenmesinde hem de bunlara tepki gösteren insan biyolojisinde.

Burada aklı hür, ilmi hür, vicdanı hür (bir de "zevki hür" ekleyelim mi?) bir birey olmanın önemi karşımıza çıkıyor. Kaygı, doğanın veya kendi zevkimizin hakemliğini değil de, bir başka bireyinkini kabullenmekse yapılan iş belki ticaret olur, belki -Sinan gibi- muhteşem bir yaratıcılığı dahi içerebilir, ama genellikle dostlar alışverişte görsün türünden bir iş olur. Tek bir üniversitesi bile olmadan yetmiş küsur üniversite müsveddesiyle övünen Türkiye (2015 senesi itibariyle bu sayı 170'i geçmiştir.) gibi görkemli fakat işe yaramaz kopyalar yaratılır, mütevâzı, fakat işlevsel ve orijinal şeyler yapmak yerine. Bu acı gözlem, kulluktan bireyliğe geçememişlerden oluşan toplumun tipik bir ürünü olarak bana sürekli en önemli hedefimizin bu aşamayı gerçekleştirmek olduğunu söylüyor. Yoksa işte en çok Osmanlı'nın olduğu kadar yaratıcı oluruz ve kendi yarattığımız bataklıkta boğulur gideriz.

## *Hurafe ve Yaşamın Evrimi*[XXXIII]

Geçenlerde bir öğrenci, Bay Umut B. Ülgen, bir sohbet esnasında *National Geographic*'in bir sayısında Çin'de bulunan son tüylü dinozorları gösteriyordu Mehmet Sakınç'la bana. Hele bir tanesi, kol ve bacaklarında tüyler olan *Sinornithosaurus millenii* bana Gerard Heilmann'ın 1927'de yayımlanan kitabındaki hayâli Proavis'i hatırlattı. Heilmann, *Kuşların Kökeni* (*The Origin of Birds*) adlı eserinde o zaman bilinen *Archaeopteryx* ile kendisinin ayrı bir cins saydığı, fakat bugün yalnızca *Archaeopteryx*'in değişik bir bireyi kabul edilen *Archaeornis* ile bunların kendisinden türediği ataç sürüngen arasında Darwin'in evrim kuramına göre bir geçiş türünün var olması gerektiğini düşünmüş ve bu düşündüğü geçiş türünü varsayımsal olarak çizerek buna Proavis (önkuş veya kuş öncesi) adını vermiş. İşte şimdi Çin'de bulunan *Sinornithosaurus* bu Proavis'e bu kadar benzeyince evrim teorisinin ne kadar güçlü bir kuram olduğunu bir kez daha görmüş olduk. Çin'de bulunan fosillerin *Archaeopteryx*'den yaklaşık 30 milyon yıl daha genç olmaları bunda hiçbir şey değiştirmiyor, çünkü, evrim bu tür hayvanların pek çoğunun oluşacağını, bunların genetik yanlışlar (mütasyon) ve çevre etkileriyle değişik hızlarda değişime uğrayıp birinin sonunda kuş üreteceğini varsayıyor. Kuş olmayanlar tüylü dinozorlar olarak kuşlarla yanyana yaşamaya devam ediyorlar.

Evrim Teorisine çıkan bu yeni ve muhteşem destek bana Diyanet Vakfı'nın çıkardığı *İslâm Ansiklopedisi*'nin 18. Cildi'ndeki (1998) Hurafe maddesini (ss. 382-384) hatırlattı. Yazan Sayın Prof. Dr. Yusuf Şevki Yavuz. Kelâm ve mezhepler tarihi profesörü; yani ilâhiyatçı. Sayın Profesör hurafe maddesinin bir yerinde aynen şöyle yazıyor: "Hurafeler sadece dinî meselelere has değildir; din dışı bazı konular, hatta bilim adına ileri sürülen kanıtlanmamış bazı teoriler de bu statü içine girmektedir. Bu çeşit teoriler 'modem hurafeler' olarak değerlendirilebilir. Evrim teorisi bunun en çarpıcı örneklerinden biridir. Zira Evrim Teorisine ilişkin tatmin edici kanıt bulunamadığını itiraf ettiği hâlde yine bu teorinin doğruluğuna inandığını söyleyen ve bunu savunan bilim adamları mevcuttur." (s. 383).

Hoşgeldiniz yıl 2000'li yıllara. Mehmet'e bunu anlatınca sevgili ve kibar dostum pek hayret etti, Evrim Teorisine kanıt bulunmadığını sanan "bilim adamlarının" kim olduklarını merak etti. Umut elinde tuttuğu *National Geographic*'e bakarak "el insaf" diye mırıldandı, "Göz göre göre de bu kadar olur mu?" Mehmet ise gittikçe sinirlenerek, "yahu, yeni keşiflere ne gerek var evrimi anlamak için? İlâç endüstrisi her Allahın günü mütasyon geçiren vücut düşmanlarına ilâç yetiştireceğim diye uğraşmıyor mu? Bu, evrimin, nesiller arası sürenin çok az olduğu canlılarda, gözümüzün önünde cereyan eden şekli değil mi? Darwin kitabına neyle başlıyor -tür içindeki çeşitlilikle. Eh, bunu at cinslerinde, inek cinslerinde, köpek cinslerinde, tavuk cinslerinde görmüyor muyuz? Bunları yetiştiriciler özel amaçlar için yaratmadı mı? Gel bunları da Allah öylece yarattı diye iddia et! Bunlarda türleşmeyi kendi yaşamımız süresince görmememizin nedeni, nesiller arası zamanın kısalığı. Bu açığı da paleontoloji bilimi kapatıyor işte. Fosillere bakınca türleşmeyi de, ara şekilleri de bal gibi görüyoruz! Bunlar hiçbir şey okumuyorlar mı, hiçbir şeyden haberleri yok mu?"

Mehmet daha pek çok söylendi. Sevgili dostumun infiâlini anlamamak, ona katılmamak mümkün değil. Bahis konusu maddeyi yazan zat, sıradan bir gariban değil, bir üniversite profesörü. Kuşkusuz yazdığı şekilde de ders veriyor. Sorumluluklarının en önemlisi verdiği dersin çağın bilimine ve gerçeğe uygun olup olmadığını iyi kontrol etmek. Aslında insan bir profesörden bekler ki, verdiği ders çağının ilerisinde olsun, öğrencilerine yalnız başkalarının bulgularını nakletmesin, yani sırf nakl-i ilim yapmasın, önemli uluslararası bilim dergilerinde yayımlamış olduğu kendi keşiflerini de anlatsın, öğrencilerini benzer keşifler yapmaya özendirsin (YÖK Kanunu'nun ilk maddesi bile bunu gerektiriyor).

Bu tür gerçek profesörler Türkiye'de ne yazık ki çok ama çok az. Fakat en azından bilineni adam gibi öğrenip anlatmasını beklemek hakkımız değil mi bir profesörden? Diyelim ki bu zat İngilizce, Fransızca, Almanca, Rusça veya herhangi bir Batı dilini öğrenemedi (o zaman nasıl profesör oldu diye sormayın, o ayrı bir dert), peki TÜBİTAK'ın evrim konusunda hem yetişkinler hem de çocuklar için Türkçe olarak yayımladığı pek çok kitaptan hiçbirini de mi okumadı? Diyelim ki bunları okumaya vakti yok, peki TÜBİTAK ödülü kazanmış pek çok biyolog var, bunlara da mı ulaşamadı? Hiç kuşkusuz jeologlar da kendisine yardımcı olabilirdi, nihayet biz de paleontoloji okuyoruz. O da olmadı, antibiyotiklerin niçin gelişigüzel alınmamaları gerektiğini aile doktoruna sorabilirdi (tabiî doktor yerine üfürükçüye gitmediğini farzediyorum). Evrim Teorisi'nin kanıtlarını öğrenememek âdeta özel bir çaba istiyor, gördüğünüz gibi. Ama ülkemizde hâlâ bu çabayı sarfedenler, hâlâ bilimin yerine safsata koyabileceğini sananlar var. Böyle birinin devletin yüksek düzeyli bir memurunun başında bulunduğu bir vakfın şemsiyesi altında ve bir üniversite profesörü ünvanıyla bu tür bir çabayı sürdürmesi ise çok düşündürücü.

## *Gelişme ve Evrim Aynı Şey mi?*[XXXIV]

Osmanlıca'da Evrim Kuramı'nın tercümesi "Tekâmül Nazariyesi"ydi. Yani, gelişme, kemâle erme, mükemmelleşmeye gidiş. Hâlbuki Batı dillerinde bu teoriyi ifade için kullanılan evolution (Almanca'da "Entwicklung") kelimesi Latince'deki evolvere sözcüğüne karşılık gelir: bu kelime bir ruloyu açmak, ileri yuvarlanmak, ileri doğru kaymak, bir yere doğru boşalmak anlamlarında kullanılmıştı. Avrupa dillerinde 1860 öncesinde bu kelimenin askerî, matematiksel ve felsefî anlamları olduğu gibi üç değişik biyolojik mânâsı da bulunuyordu: 1) bir çiçeğin açması; 2) embriyo büyümesinin "önceden oluşma kuramı" (yani embriyonun, erginin tüm özelliklerine küçük ölçekte sahip olduğu fikri); 3) bir organizmanın büyümesi. Osmanlıca evolvere kelimesine 1860'dan sonra yüklenen anlamın ifade ettiği varsayımı "tekâmül nazariyesi" ifâdesiyle çevirince yaşam tarihinde olduğu varsayılan gelişme bileşenini böylece öne çıkarmış oldu. Almanca da evolution kelimesi yerine sık sık "Entwicklung" kelimesini kullanır ki, gelişme anlamına gelen bu kelimenin etimolojisinde kendi üzerine katlanmış bir şeyin açılması şeklinde açılmak, açınmak fiilleri bulunur. (Türkçe'deki evrim sözcüğü, çevirip döndürmekten geldiği için aslında "evolution"un karşılığı değildir, ama öyleymiş gibi kullanılır.) Bu terimlerle pek çok kişi, evolution kelimesini Osmanlıca'ya tercüme edenlerin yaptığı gibi, bir "gelişme" bileşeninin de ifâde edildiğini sanır.

Peki, her ilerleme gelişim midir? Gelişme kavramında, gelişen şeyin daha iyiye, daha değerliye doğru gittiğini imâ eden bir değer yargısı gizlidir. Hâlbuki modern yer ve yaşam bilimleri biyolojik evrimin bir gelişme süreci olarak yorumlanamayacağını göstermiştir. Evrim yaşamın çevresine uyumunu düzenler. Örneğin, Triyas Devri'nin ilk ve basit dinozor ailelerinden yalnızca Tebeşir Devrinin zengin ve çeşidi bol, karmaşık yapılı dinozor türleri değil, aynı zamanda kuşlar da türemiştir. Tebeşir Devri'nin sonlarında yeryüzünün en zengin çeşitli, çevreye en iyi uyum sağlamış kara hayvanları hiç kuşkusuz dinozorlardı. Ancak 100.000 yıl gibi kısa bir sürede dinozorlardan eser kalmadı. Çünkü dünyada egemen olan yaşam şartları bir gökcismi çarpmasıyla âniden değişmişlerdi. Gökcismi çarpması sonrası dünyada karalara memeliler ve kuşlar egemen oldu. Buna rağmen, balıklar dünyasında hiçbir şey değişmemişti. 400 küsur milyon yıldan beri var olan balıklar yine var olmaya devam ettiler, yüzlerce milyon yıldan beri yaptıkları gibi türlerini, cinslerini, ailelerini değiştirerek yaşamlarını sürdürdüler. Bu arada hiç değişmeyenler de vardı. Örneğin, 500 küsur milyon yıldır hiç değişmeden yaşayan bir lamba kabuklu (brakiyopod) ve hele neredeyse dünya kurulduğundan beri var olan bakteriler. Dünya ilk doğduğunda egemen canlıları bakterilerdi. Bugün yine de öyle.

Gerçi evrende değişim Herakleitos'un dediği gibi değişmeyen tek şey gibi görünüyor. Ama bu değişim, bir gelişmeyi, yani bir değer öğesini içermiyor. Kâinatta bir hedef, bir amaç, bir yasalar egemenliği görünmüyor. Bilim kuşkusuz bazı genellemeleri şimdilik yasa diye vazediyor, ama Aristo'nun yasaları onları yanlışlayan Newton'nunkiler olmadığı gibi, Newton'unkiler de onları yanlışlayan Einstein'inkiler değil. Genellemelerimizi yasa adını verdiğimiz varsayımlarımız çerçevesinde sunarak onları gözlemle denetlenebilir bir hâle getiriyoruz. Gözlemin yanlış bulduğu yasalarımızı, bilimden dışlıyoruz.

Evrende bir gelişme, bir hedef, bir amaç, arayanlar farkında olarak veya olmayarak ona insan vasıfları atfetmek istiyorlar, evreni insan merkezli ve insan amaçlı gözlüklerle yorumlamaya kalkıyorlar; onu öznelleştiriyorlar ve nihayet evrene atfettikleri tüm bu vasıflardan bir yaradanı, bir tanrıyı, veya doğanın özelliği olduğunu sandıkları değişmez yasaları sorumlu tutuyorlar. Tüm semâvi dinler, tüm ırkçı-faşist veya Marksist toplumsal görüşler bu insan zafiyetinin türevleridir. Bilim bu insan merkezli, değer yargısı yüklü, gelişme, hedef, amaç vb. varsayan determinist doğa yorumlarından uzaklaşıp evreni nesnelleştirdikçe hurafe ve gönüllerde duyulan arzulardan uzaklaşıp, gerçeğe, duyuların algıladıklarının beyince anlaşılmasına yönelerek insanı yüceltmiştir. Tesâdüflerin egemen olduğu bir evrende tesâdüfen, tesâdüfî bir yerde yapayalnız yaşadığımızı farketmek, tüm büyük din yapıcılardan Karl Marx'a kadar pek çok insanı dehşete düşürmüş, onları bundan kaçış yolları aramaya sevketmiştir. Bilim insanını, akıl insanını yücelten ise, bu bu eskilerden daha tutarlı yorumu geliştirerek, onun sonuçlarıyla başa çıkmaya muktedir ve buna hazır olduğunu farketmesidir.

## *Avrupa Taraftarı ve Avrupa Karşıtı Olmak: Bir Doğa Bilimcisinin Düşünceleri*[XXXV]

Bugünlerde Avrupa Birliği'ne girip girmememiz konusunda her kafadan bir ses çıkıyor. Birisi bu seslerin sahiplerine bir sorsa: Avrupa ne demektir? Acaba ne tür cevaplar alır? Ben mesleğim gereği, Antarktika hariç tüm kıt'alara seyahat ettim. Bunlardan Avrupa, Asya ve Amerika'da epey vakit geçirdim. Avrupa'da doğdum büyüdüm. Amerika'da toplam dokuz yıl yaşadım (sekiz yıl Doğu sahilinde, bir yıl da Batı sahilinde). Asya'da en çok (1988'den beri oturduğum Anadoluhisarı'nı Asya saymazsanız) Çin'de kaldım. Ama Güneydoğu Asya'dan Sibirya'ya, Japonya'dan Hindistan'a, Arabistan'a kadar geniş alanlarda arazi çalışması yaptım, şehirler gezdim. Avustralya'ya iki uzunca seyahat yaptım, hem Doğusunu hem de Batısını gördüm. Güney Afrika Cumhuriyeti ve Libya tecrübem ise ikişer, Brezilya'ya bir seyahatle sınırlı. Seyahat ettiğim her kıt'ada hem şehirleri hem de kırsal kesimi gördüm.

En çok neresi hoşuma gitti? Hiç kuşkusuz cevap vereyim: doğduğum ve büyüdüğüm yer olan İstanbul'u Avrupa'dan saymazsanız Avrupa. İstanbul'u da Avrupa olduğu için seviyorum. İstanbul'un son otuz yıl içinde giderek Asyalılaşması beni rahatsız ediyor.

Niçin Avrupa'yı seviyorum? Çünkü en akılcı yaşam Avrupa'da

da ondan. Avrupa şehirlerinde, ülkelerinde otomobiliniz olmazsa da çok rahat yaşayabilirsiniz. Avrupa şehirlerinde yollar, binalar, taşıtlar, diğer kıt'alardakilerle kıyaslanamayacak kadar muntazam ve temizdir. Dünyanın en zengin ülkesi ABD, bu konuda Avrupa'da (bazı eski sosyalist blok ülkeleri dışında) hiçbir ülkenin eline su dökemez. Avrupa'da şehirlerde tiyatrolar, kütüphaneler, müzeler bulunur, bunlar yüzyıllardır belirli gelenekler dahilinde çalışırlar, ama sürekli olarak kendilerini geliştirir, yenilerler. Avrupa eskiyi eski olduğu için atmaz; daha iyisini bulursa rafa kaldırır, müzesine koyar, eskiyi yeniyle harmanlayıp korur. Avrupa okur. Yollarda, trenlerde, evlerde, otellerde okuyan insanlar görürsünüz. Okudukları da gelip geçici hafif meşrep literatür değil, bilgi ve görgü artırıcı bilim, san'at eserleridir. Avrupa efemera okumaz mı? Tabiî ki okur. Hem de herkesten fazla okur, ama Avrupa gazeteleri, haftalık ve aylık popüler dergileri kaliteli haberin yanında kaliteli eleştiri, san'at ve bilim yazılarıyla doludur. Bir sürü yazısını kesip kütüphanenize kaldırırsınız. Avrupa'da ilk, orta ve lise dünyanın en iyi okullarıdır. Avrupalı çocuğuna en iyi, en akılcı eğitimi vermek için debelenir. Öğretmenine saygı gösterir. Amerika'da ortalama bir lise mezunu ancak okuyabilirken, Avrupalı lise mezunu Amerika üniversite mezunlarından genellikle daha geniş ve kullanılabilir bir genel kültüre sahiptir. Avrupalı üniversite mezunu, konusunu genellikle ve pek çok konuda Amerikalı üniversite mezunundan daha iyi bilir. Avrupalı kişisel özgürlüğüne herkesten çok düşkündür (bu kavramı icat eden odur), ama kanun ve kural tanır. Demokrasiyi dünyada en iyi uygulayandır; ama demokrasinin başıboşluk veya halkın oyuna irrasyonel yollardan (para gücü, din gücü vs.) hükmetmek demek olmadığını herkesten iyi bilir ve bu tür uygulamalara izin vermez.

Yer olsa daha neler neler yazacağım. Ama sırf bu yazdıklarım bana yetiyor. Bu yüzden ben sırf Avrupa doğumlu olduğum için değil, tercihen de Avrupalıyım. Avrupa eleştirel aklın en iyi çalıştığı yerdir. Bilimin doğup büyüdüğü kültür Avrupa'dır. Bugün en iyi yapıldığı yer gene Avrupa'dır. ABD'deki üniversitelerin doğa bilimi bölümlerine bir bakın: Hocaların neredeyse yarısı nerede doğmuş, büyümüş ve yetişmiş! Avrupa'dan korkmak, Avrupa'dan nefret etmek, sömürge kafasıdır. Atatürk o kafayı edinmeyelim diye bize bir kültür devrimi yaptırmadı mı? Atatürk Avrupalı değil miydi? 10 Kasım 1988'de İsviçre televizyonunda onunla ilgili bir program izlemiştim. Başlığı şuydu: Atatürk: Devrimci, Reformcu, Avrupalı. Nedir Atatürk'ün Avrupalılığı? Eleştirel aklı, onun eseri olan bilimi kendine kılavuz edinmiş olmasıdır. Bilimin fenin dışında kılavuz aramak aymazlıktır, sapkınlıktır demiyor mu? İşte Avrupa da yüzyıllardır onu yapıyor. Yapamayanlar da Gaskonyalı tilki misali ona tu kaka deyip duruyor.

## *ABD'de Din ve Bilim*[XXXVI]

Kaliforniya Üniversitesi'nin tıp fakültesiyle meşhur San Francisco Kampüsü'ndeki Doğum, Jinekoloji ve Üreme Bilimleri Bölümü, Üreme Genetiği Ünitesi Başkanı Prof. Dr. Roger Pedersen üniversitesinden ve ülkesinden ayrılarak İngiltere'ye hicret ediyor. Gerekçesi: ABD'de devletin dinsel gereklerle araştırmalarını engellemesi! Pedersen, embriyo içindeki kök hücreleri kullanarak gelişmiş hayvan vücudundaki her türlü hücrenin üretilmesi ve bu suretle Parkinson ve Alzhaymer hastalıkları, felç, çocuk şekeri gibi rahatsızlıklarla mücadele için çalışanlardan. Şimdiye kadar fareler üzerinde çalışmış. Araştırmaların artık üreme kliniklerinde bekleyen ve kullanılmadıkları takdirde çöpe gidecek olan insan embriyolarına kaydırılması gerek. Gel gelelim federal hükümet Hristiyan, bazı kesim Müslüman ve bazı kesim Hindu din gruplarının etkisiyle (Mûsevîler bu araştırmaları destekliyorlar) insan embriyosu üzerindeki araştırmalara destek vermediği gibi, bunların devlet üniversitelerinin kampüslerinde yapılmasını da yasaklanmış durumda. Pedersen İngiltere'ye gidiş nedenini "insan embriyosu üzerindeki araştırmalara toplum desteğinin olduğu bir yere gitmek arzusu" olarak dile getiriyor. New York'daki Memorial Sloan-Kettering Kanser Merkezi araştırıcılarından ve insanlığın başındaki en ciddî tıbbî sorunlardan biri olan Parkinson hastalığı üzerinde çalışan Lorenz

Studer "Araştırma yapmamıza izin verilmiyor. Herhangi bir tür araştırma yapmadan önce Bush'un kararını beklemek zorundayız" diyor.

Tabiî özel şirketlerin bu tür araştırmaları desteklemelerine şimdilik yasal bir engel yok. Ama onlar üretilen bilginin bilim topluluğu içinde paylaşılmasına izin vermedikleri için, araştırmaların özel şirket desteğinde sağlıklı ilerlemeyeceğine inanıyor. Bilim adamları da bu desteği tercih etmiyorlar.

Amerikan Meclisinde bu konu konuşulurken başvurulan ana kaynak Kitab-ı Mukaddes! Araştırmalara destek verilmesini isteyen (fakat doğum kontrolü karşıtı olan; aynı zamanda Bush'un yakın adamı) Cumhuriyetçi Senatör Gordon Smith (Oregon eyaleti), Yaradılış'ın 2. Bölüm, 7. Mısrasına atıf yapıyor ve insana ruhun gövde tozdan yapıldıktan sonra tanrının burun deliklerinden içeri üflemesiyle verildiğini, dolayısıyla embriyonun henüz ruhu olmadığını savunuyor! Massachusetts Eyaleti'ndeki Advanced Cell Technology, Inc. (İleri Hücre Teknolojisi Şirketi) sorumlularından Michael West ise, araştırmaları savunurken destek olarak İncil'deki Matteus kitabının 25. Bölümünü tercih ediyor. Buna karşılık ABD Katolik Pisikoposlar Konferansı üyesi Richard Doerfinger tüm bu tür fikirlere "amatör ilâhiyat" diye karşı çıkıyor. Papa da Başkan Bush ile yaptığı görüşmede araştırmalara destek vermemesini istemiş. (Gel de Voltaire'in *Ulusların Âdet ve Düşünceleri* [1773] adlı büyük eserinde "Roma [yani Papalık] her zaman insan zekâsını alçaltacak ve aklı en etkili şekilde imha edecek fikirleri tercih etmiştir" demesine katılma!) Ama küçük de olsa bir Katolik azınlık, 14 günden genç bir embriyonun insan sayılamayacağı görüşünde; onlar araştırmaların desteklenmesinden yanalar.

Araştırmaların desteklenmesini isteyen dindar kesim üyelerinin genellikle bu destekten yana çıkmak için kişisel nedenleri var. Meselâ Senator Smith'in ailesinde Parkinson var (mâlum, bu belâ genetiktir). Üstelik kendisi Mormon (19 Temmuz 2001 günü Vatikan, Mormon vaftizlerini artık tanımayacağını ilân etti! Yani Mormonları artık Hristiyandan saymayacak Vatikan).

Bütün bunlar şaşırtıcı mı? Bush'un ancak atayabildiği bilim danışmanı John Marburger'ın en önemli görevi meslekdaşları tarafından "Amerikan halkındaki bilim fobisini azaltmak" olarak görülüyor! Buna karşılık ABD'de Hristiyan Eşyası Satanlar Birliği (CBA) toplantısı geçenlerde toplam cirolarının 2000 yılında 4 milyar küsur dolar olduğunu ilân etti! Bu sadece birlik üyesi 539 şirketten elde edilen veri. 4 küsür milyar doların 1,77 milyar doları sadece Kitab-ı Mukaddes satışından (tanesini 50 dolar gibi fahiş bir fiyata satsalar bile neredeyse 40 milyon İncil eder! ABD'nin toplam nüfusu 275 milyon civarında). Tüm bunlar olurken Indiana Üniversitesi'nin Fort Wayne Kampüsü'nde bir piyesin dini hassasiyetleri zedelediği gerekçesiyle gösterimi yasaklandı! Şikâyetçiler: 11 vatandaş, 20 devlet görevlisi!!!

Turn bu gelişmelerin ABD'nin en temel unsurlarından olan din ve devlet ayırımını ve kişisel ifade özgürlüğünü ciddî bir şekilde tehdit ettiği görüşü entelektüel kesim arasında çok yaygın (ama onları dinleyen pek yok). Cumhuriyetçi senatör Charles W. Pickering diyor ki, "İman tedavi eder, iman yeniler, iman ümit verir. Başkanımız (yani Bush) imana dayalı yaklaşımın karşısındaki engelleri kaldırmamız için bizlere seslenmiştir."

Türkiye'de Atatürk'ün 78 yıl önce getirdiği lâik düşünceye karşı cephe alan ve bu suretle kendini liberal sananlar bu gelişmeleri iyi izlesinler. İnsan özgürlüğü için tarihte herkesten çok çalıştığı söylenen, aydınlanmanın en büyük yaratıcılarından Voltaire, organize dini, özgürlük karşısında Bourbon krallarından çok daha büyük bir tehlike olarak görüyordu. Bugün Pantheon'daki mezarından kalkıp da Amerika'ya, bir zamanlar hicreti düşünecek kadar hayran olduğu Amerika'ya, bakabilse acaba ne düşünürdü? Uygarlığı mümkün kılan tek sistem olan lâik düşünce karşısında din ve yobaz şakşakçılığı yapan "liberallerimize", ABD gibi liberalizmin kalesi olduğu sanılan bir toplumda teşkilâtlı dinin (yani bireyle inancı arasındaki dinin değil, bireyler arasındaki dinin) hür ve uygar düşünce ürünü olan bilimi nasıl yavaş yavaş boğduğunu gözlemelerini ve bunun tüm insanlık için doğuracağı sonuçları dikkatle düşünmelerini öneririm.

## *Doğa Bilimi, Demokrasinin Sınırları ve Lâiklik İlkesi*[XXXVII]

Son günlerde ülkemizi yönetmekte olan iktidar partisinin mensuplarını dinledikçe ve kendilerini desteklemek için birbiriyle yarışan bazı köşe yazarlarımızı okudukça, "halkın gücü" anlamına gelen demokrasinin sanki demokratik yöntemle başa geçen yönetimlerin her istediklerini yapmalarına imkân veren bir ehliyet gibi görüldüğü anlaşılıyor. Biz doğa bilimciler de bu tür ahmakça iddiaları bıyık altından gülerek dinliyor, aymaz sahiplerini hayretle seyrediyoruz.

Küresel ısınma kapıda: Dünyanın tüm demokratik yönetimleri bir araya gelip %100'lük bir oy oranıyla buna karşı olduklarını söylesinler. Bu oylama küresel ısınmanın hızında en küçük bir değişikliğe yol açmayacak, yüzyıl sonuna kadar bu arslan demokratlar ne yaparlarsa yapsınlar, bazı bölgeler su altında kalacak, Avrupa'nın kuzey kısımları biraz daha soğuyacak, Orta Anadolu biraz daha çölleşecektir.

Bu arslan demokratlar şunu da yapabilirler: Hep birlikte Kyoto Antlaşmasına imza koyup, yarından itibaren tüm endüstriyel $CO_2$ çıkışını kesebilirler. Hani olacak iş değil ama, diyelim ki toplumumuza öyle bir demokrasi ruhu birden sahip oldu ki, bunu becerebildik. Gene de küresel ısınmayı kesmemiz mümkün olmayacaktır, zira dünyamızın içinde bulunduğu Milankoviç döngüleri ve bugüne kadar endüstrimizin becerdikleri, gene de ısınmanın sürmesini sağlayacaktır.

Demokrasinin en ateşli taraftarları deprem riskini yok etmek için de oy verebilirler: Bu da ne yazık ki belirli bir zaman aralığında belirli bir ısıyı kaybetmek zorunda olan ve bu zorunluluğu merhum Joseph Fourier tarafından tek başına, hiçbir demokratik süreçten geçmeden tesbit edilmiş olan dünyamız tarafından hiçbir şekilde dikkate alınamayacaktır. Deprem riskini yok etmek için verilecek oy, depremin nedenini, etkilerini anlamış, buna karşı alınabilecek önlemleri inceleyerek belirlemiş kişilerin dediklerinin yapılması yönünde de olabilir. İşte o zaman o oy işe yarar. Ama oy demokratik yöntemlerle verilmiş olduğundan değil, doğanın dikte ettiği sınırlar içinde kalınması yönünde bir kararı temsil ettiğinden. Bahis konusu kararı, sözünü herkese geçirebilen tek başına bir diktatör de alsa sonuç aynı olur.

Özetle: İnsan kendi yaşamını doğanın kendisine çizdiği sınırlar içerisinde sürdürdüğü takdirde o yaşam emin, rahat ve uzun olabilir. Bunun için doğayı anlamak şarttır. Doğayı anlamanın tek yolu da doğa bilimlerinden geçer. Bertrand Russell'ın dediği gibi, bilimin söylemediğini insanlık bilemez. Bu nedenle, doğa bilimiyle çelişen, insanın çocukluk çağlarındaki cehaletin ürünü olan envâi çeşit inançlara göre yaşamı düzenlemeye kalkmak, eninde sonunda doğa ile çarpışmaya mahkûm bir projedir. Kara Ölüm denilen veba 14. yüzyılda Avrupa'ya ulaştığı zaman ne bu hastalığın nedeni, ne de yayılmasının vasıtaları konusunda bir şey biliniyordu. Zavallı cahil Avrupalı, bu hastalığa karşı kiliseye sığınarak korunmak istedi. Sayısız âyinlerde, bitip tükenmez dualarla yaradana yalvarıldı. Bu yalvarışlar pek çok insanı şehirlere çektiğinden ve kiliselere doluşturduğundan hastalığın yayılış hızı arttı. Sonunda cahil Avrupa, olduğunu varsaydığı yaradanından hiçbir yardım gelmediğinden hiçbir şey yapamadı ve veba kıt'anın nüfusunun en az üçte birini, bazı tahminlere göre yarısını, süpürdü götürdü.

İnsan cemiyetinde isteyen istediğini yaparsa, o cemiyetin sonu felâket olur! Bunun tarihteki örnekleri saymakla bitmez. Yapabileceğimiz tek şey doğanın bize çizdiği sınırlar içinde yaşamımızı her geçen gün daha zenginleştirip güzelleştirerek yaşamaya çalışmaktan ibarettir. Doğayı, onun kuralları dahilinde istediğimiz yönde kendimize hizmetkâr yapabilmek için gene doğanın evrim kuralı çerçevesinde gelişmiş bir aklımız vardır. Bu aklımızı gerektiği gibi, yani eleştirel olarak, doğa ile temasa gelmek ve onu anlamak için kullanalım. Her önüne gelen falcıyı dinlemeye kalkarsak, sonuç 12. yüzyıl Orta Doğusu'ndan, 14. yüzyıl Avrupası'ndan, veya 20. yüzyıl Rusya'sından farklı olmaz. Doğanın bir parçası olan insan toplumu, doğadan tamamen kopuk bir şekilde insanın rüyalarıyla yönetilemez. Yönetilmeye kalkışılırsa, yönetimin tarzı ne olursa olsun, ne kadar demokratik olursa olsun, sonuç felâket olur. İşte dini toplum yönetiminden dışlayan lâiklik, bu nedenden dolayı yaşamsal önemi hâizdir.

## *Dinozor: Disney'nin Ayıbı*[XXXVIII]

Walt Disney (1901-1967) her çocuğun gönlünde taht kurmuş bir idealistti. Amacı, çocukları eğlendirirken eğitmek, onların bilgi ve görgülerini arttırmak, onları iyi bir yaşama hazırlamaktı. Florida eyaletinin Orlando şehrinde bulunan Walt Disney World eğlence parkında birkaç yıl önce eşimle birlikte oğlumu dolaştırırken gördüğümüz *Progress* (*İlerleme*) adlı gösteri programı, büyük san'atçının ödün vermez bir aydınlanma yanlısı olduğunun en güzel kanıtlarından biridir.

Disney 1967'de aramızdan ayrıldı. Arkasında büyülü bir isim ve muhteşem bir şirket bırakarak gitti. Walt Disney, 19. yüzyılın aydınlanmaya gönül vermiş Amerikası'nın ebeveynlerinin yetiştirdiği çocuklardandı. Şirketini ellerine bıraktığı gençler ise 20. yüzyılın acımasız irrasyonel ortamının yetiştirdiği "ben" merkezli bireylerdi. Şirket giderek beyin eğitiminden para öğütümüne doğru kaydı. Disney prodüksiyonlarının ihtişamı arttıkça eğitim değerleri azaldı. Bunun en son ve en acı ürünlerinden biri de yakınlarda Zürih'te gördüğüm *Dinozor* (*Dinosaur*) adlı filmdir.

Bu filmin fragmanlarını otel odamda televizyon seyrederken görmüştüm. Bilgisayar destekli grafik teknolojisinin yarattığı İkinci Zaman hayvanlarının büyük bir başarıyla beyaz perdeye yansıtılmış olmaları beni çok etkilemişti. Filmin jeoloji derslerinde veya Bilim Merkezi gibi halka açık yerlerde eğitime yardımcı olarak kullanılıp kullanılamayacağını görmek için derhal sinemaya gidip onu görmeye karar verdim.

Aman ne düş kırıklığı! Filmin konusu şu: Bir adada yaşayan bir maymun kabilesinin eline tesadüfen düşen bir yumurtadan çıkan bir otçul dinozor (adı Aladar) bu kabilenin dostu olur. Yakınlara düşen bir göktaşı, kabilenin yaşadığı orman alanlarını yaşanamaz bir çöle çevirir. Kabile, üreme bölgesine gitmek zorunda olan otçul dinozor sürüsüne katılır. Sürü başı Kron adlı bir zorbadır. Genç Aladar bu zorbayla mücadele ederek sürüyü birçok dertten kurtarır. Sonunda zorba lider ve onun hempaları etçil dinozorlara yem olurlar. Sürü, zorbalar dışında kayıp vermeden üreme alanlarına ulaşır. Genç Aladar zorbanın iyi yürekli kızkardeşi Neera ile çiftleşir ve onlar erer muradına biz çıkalım kerevetine!

Artık aşınmakta olan orta sınıf Amerikan toplum değerlerinin bir reklamı mahiyetinde olan bu ucuz hikâye bana eski romantik Türk filmlerini hatırlattı. Eh, bu çocuklar için icat edilmiş bir masaldır diyeceksiniz. İyi de dinozorla maymunu bir araya nasıl koyarsınız? Son dinozor 65 milyon yıl önce ölmüştü; en eski maymun fosili ise bundan en az 10 milyon yıl sonra, Eosen Çağı'nın çökelleri içerisinde bulunmuştur. Maymunla dinozoru bir araya getirmekle insanla dinozoru bir araya getirmenin hiçbir farkı yoktur. Bu bana yıllar önce tek amacı Raquel Welch'in dolgun göğüs ve kalçalarını sergilemek olan Taş Devri isimli sıradan filmdeki insan - dinozor kavgası sahnelerini hatırlattı. Peki Jura Devri'nin dinozoru olan Brachiosaurus ile tamamen geç Tebeşir Devri'nin hayvanları olan boynuzlu dinozorları aynı sürüde koşturmaya ne demeli? Kahramanımız Aladar anlayabildiğim kadarıyla bir Camptosaurus, yani Jura Devri hayvanı, sevgilisi Neera ise bir geç Tebeşir Devri tazesi olan bir Kritosaurus: Yani aralarında en az 30 milyon yıllık bir zaman aralığı var. Bunlar nasıl buluşup koklaşacaklar? Hele, iki değişik türü bırakın, iki değişik cinsin normal çocukları olması hâline ne buyurulur?

Disney şirketi bu zırvalıklara izin vermeden, çocukların taze kafalarında biyoloji, paleontoloji, evrim süreci gibi konular hakkında tamamen yalan yanlış izler bırakmadan aynı heyecan ve güzellikte -hattâ şimdikinin çok çok üstündeki bir düzeyde- bir film yapamaz mıydı? Elbette yapardı. Hiç kuşkunuz olmasın: Gerçek, masaldan her zaman daha ilginç ve daha heyecanlıdır. Ama amaç yalnız ve yalnızca en kısa yoldan cepleri doldurmak, yani yemlenmek olunca, işte kafalar da ancak bir dinozor beyninin çalıştığı kadar çalışıyor.

Çocuğa bilim değil masal, gerçekçilik değil romantizm, merak yerine ucuz Amerikan orta sınıf değerleri pompalanınca ortaya bugünkü, doğal çevresinden bîhaber, tek amacı yiyip içip üremek olan bir sürü çıkıyor. Bu sürü, devlet başkanlığı seçimi gibi eleştirel aklın ilk sırada rol oynaması gereken biri işi önce karnavala, sonra kavgaya dönüştürürken, kendisini zehirleyen ve ortamını tehdit eden endüstri artığı gazları kısmayı da cebine ve özgürlüğüne (!) yapılan tecavüz olarak yorumluyor, okullarında Darwin'in teorisi ile ilk çağ mitolojilerinin aynı değerde okutulması için oy bile verebiliyor.

## *Disney'nin Atlantis'i ve Amerika'nın Öbür Yüzü*[XXXIX]

Disney şirketi *Dinozor* filmiyle seyircilerin karşısına biyoloji ve paleontoloji bilimlerinin en temel bilgileriyle taban tabana çelişen bir zırvalık abidesi çıkardıktan sonra, vizyona bir ikincisini sürüyor. *Atlantis: Kayıp İmparatorluk*. Bir çizgi filmi ciddiye almaya değer mi? Tabiî ki hayır. Ama bu çizgi filmin reklamını yapacağım diye televizyonda bir saat boyunca bilimsel hiçbir ehliyeti olmayan insanların "uzman" diye tanıtıldığı, bilimle değil, hattâ aklıselimle çelişen saçmalıkların "bilimsel buluşlar" diye sunulduğu, bilim adamlarının ifadelerinin zırvalıklarla ustaca harmanlanarak kamuoyunu kasten yanıltan bir programın -şirketin merhum kurucusu Walt Disney'nin yaşamını adadığı tüm hedeflerin tam tersi bir amaçla- bu şirket tarafından yapılmış olması beni çok düşündürdü. Disney şirketi *Atlantis* filminin reklamını yapacağım diye açıkça bilim dışı iddiaları bilim diye kamuoyuna sunuyor. Bununla da kalmıyor: Uzman ifâdelerini, bilimsel ehliyet sahibi olmayan kişilerinkilerle -bunlara bilimsellik atfettirecek şekilde- karıştırarak seyirciyi yanıltıyor.

Sunulan bir saatlik programın son cümleleri ise giderek daha çok popüler olan bilim düşmanlığının parolaları arasında: Eskiden insanlar doğa ile daha uyumlu ve daha mutlu yaşıyorlardı! Buz çağından hemen sonra sözüm ona büyük bir

Atlantis Uygarlığı gelişmiş. (Bu Charles Hapgood'un Pirî Reis Haritası'nın bir buz çağı uygarlığı tarafından yapıldığı zırvalığından esinlenmişe benziyor!) Bir komet çarpması, yeri Küba adasında diye gösterilen bu uygarlığı gûya yok etmiş! Gûya bu Atlantis uygarlığı doğa ile uyum içinde yaşıyormuş. Onu bulursak, diyor programın takdimcisi, belki yine öyle düzgün yaşamanın sırlarını yakalayabilirmişiz! İmâ edilen, bugün dünyaya egemen olan Yunan temelli Batı uygarlığının kötü olduğu, doğaya uymadığı (bu ne demekse?!), geçmişte yaşamın daha iyi olduğu, dolayısıyla aydınlanmanın en temel kavramı olan gelişmenin, ilerlemenin (Atatürk'ün neslinin tabiriyle terakkînin), bir hayâl olduğu.

Tüm bu iddialar günümüzde bir grup sözde aydın tarafından doğabilim temelli insan uygarlığının muhteşem eserlerine karşı yürütülen bir karalama kampanyasının parçalarıdır. Bu kampanya İkinci Dünya Savaşı sonrasında Fransa'da doğmuş, bilhassa ABD'de gelişmek için pek verimli bir toprak bulmuştur. Batı uygarlığı dışında her şeyi, vahşi Kızılderili kültürlerinden tutun da ilkel zenci kültürlerine veya Melanezya'daki kabile toplumlarına kadar her türlü bilim dışı kalmış toplumu övmek, fakat doğabilimi temelli Batı uygarlığını yermek bu kampanyanın en belirgin öğesidir. İlkel geçmişi yüceltmek, fakat insanlığın en sağlıklı döneminin, en barışçı, en mutlu çağının günümüz olduğunu inkâr etmek, kuramsal hiçbir temeli olmayan, dolayısıyla kontrol edilmeleri imkân dışı, "geleneksel" tıp yöntemlerini göklere çıkarmak, fakat gelmiş geçmiş en başarılı tıp olduğu biraz aklı başında herkesce bilinen bilim temelli tıbbı bir zümrenin politik (ve/veya ekonomik!) maşası olmaktan başka bir işe yaramayan bir araç olarak göstermek...

Tüm bu ve benzeri uygarlık düşmanı zırvalıklar yalnız Disney filmlerinden değil, ABD'nin pek çok edebiyat ve "sosyal bilim" bölümlerinden de yayılmaktadır. Akademik sol, yobaz sağ ve vahşi kapitalizm akıl yolunu aydınlatan bilime karşı işbirliği içerisindedirler. Disney'nin son yıllarda yarattığı yalancı bilimsel (bilimkurgu değil!) çocuk filmleri, vahşi kapitalizmin bilimin imajını halkın doğaüstüne, hayâlötesine, mistiğe olan eğilimini nasıl kullanıp cebini şişirdiğinin ve bu amaçla bilimi nasıl çarpıttığının, uygarlığa nasıl saldırdığının çok güzel örnekleridir.

ABD'de dünya bilimini yönlendiren çok muhteşem araştırma kuruluşları ve üniversiteler var. Ama bunlardan çok daha büyük sayıda cehaletin yönettiği güç odakları da var. Parmak hesabına dayanan demokrasinin ABD'yi hangi grubun etkisinde geliştireceğinin görülmesini beklerken, biz kendi toplumumuzda aklı ve bilimi kollayacak tedbirleri almayı ihmal etmeyelim. Demokrasiden vazgeçmek düşünülemeyeceğine göre, demokrasi içinde bilimi egemen tutmanın tek yolu akıllı ve akılcı bir eğitim programıdır. Atatürk ve Hasan-Âli Yücel bize böyle bir eğitimin nasıl yapılabileceğinin pek güzel örneklerini sunmuşlardır. Biz de çağımızın gereklerini göz önünde tutarak onlardan ilham alabiliriz (yalnız bu, papağan gibi onların sözlerini veya şempanze gibi, yaptıklarını tekrarlamaya kalkmak demek değildir! Aman yanlış anlaşılmasın!).

## *Roma'nın Mirası ve İstanbul*[XL]

Amerika Jeoloji Cemiyeti'nin yıllık toplantısına katılmak için gittiğim Denver'den Lufthansa ile Avrupa'ya geri geliyordum. Mevcut video programlarından biri İstanbul ile ilgiliydi. John Römer tarafından hazırlanıp sunulan program, İstanbul'un 1204 'e kadar olan ihtişamını ve bu tarihte vuku bulan Latin istilâsı ve talanının Avrupa açısından sonuçlarını anlatıyordu. Bizans, vahşi bir dünyada zenginlik ve uygarlık merkeziydi. Eski Yunan'ın bilimi ve felsefesi, doğunun dinleri ile burada buluşuyor, İlk Çağın en değerli eserleri bu muhteşem şehrin kütüphanelerini doldururken, Hristiyanlığın en kutsal kalıntıları Doğu Roma'nın mabetlerine saygınlık ve ihtişam katıyordu. Roma İmparatoru, dünyevi zenginlikle uhrevî ihtiramın ete kemiğe bürünmüş sembolüydü. Yalnız Augustus Caesar değil, aynı zamanda Pontifex Maximus'un en önemli koruyucusuydu. Ölümsüz şehir ve onun âlim, zengin ve mağrur sakinleri, vahşet, fakirlik ve barbarlık içinde yüzen Avrupa'nın yalnızca hayranlık ve merakını değil, iştahını da kabartıyordu. Sonunda kaçınılmaz olan oldu: Zenginlik ve ihtişam, aç ve açığın saldırı ve talanına kurban gitti. Tahtından indirilmiş İmparator II Isaakios'un oğlu, Papa III. Innocentius'un hazırladığı Haçlı Ordusu'ndan babasının kurtarılmasını isteyince, Haçlılar İstanbul'a geldiler; şehir zorla alındı ve baştan aşağı yağmalandı.

Batı Avrupa'nın cahil sürüleri, muhteşem şehri bir harabe yığınına çevirdiler Tapınaklar yağmalandı, kutsal kalıntılar Avrupa'nın kiliseleri arasında paylaşıldı. Binalar söküldü, parçaları, başta Venedik olmak üzere pek çok Avrupa şehrinin imarında kullanıldı. İstanbul'da görülen ihtişam, cahil batılıların gözünü açtı, yağma edilen kilise malları, o ana kadar dünyasal varlığından olduğu kadar, dinsel gücünden de korkulan İstanbul'un gücünü Avrupa'ya taşıdı. Batı Roma'nın çöküşünden bu yana ilk kez Avrupa'ya bir kendine güven hissi geldi. Römer, Avrupamerkezli düşünce akımlarının başlangıcını İstanbul'un gücünün Avrupa tarafından paylaşılmasıyla tarihliyor. Bir şehrin gücü tüm bir kıt'aya mal edildi ve o kıt'a kısa zamanda dünyanın efendisi oldu. Ama 1204 felâketi İstanbul'un gücünü bitirememişti. 1300'lülerin son yıllarında Rönesans'ın yaratıcılarından genç Jacopos Angelis da Scarperia büyük İstanbullu bilgin Emanuel Chrysoloras'ın peşinden ölümsüz şehre geldiği zaman, aradığı şey bilgiydi ve bunu kendisine o anda en zengin bir şekilde sunabilecek olan merkez hâlâ Bizans'tı.

***Roma imparatoru Fatih!***

Müslüman Türkler 1453'te Bizans'ı zaptettiler. Şehir tekrar yağmalandı, pek çok zenginliği tekrar Avrupa'ya kaçtı veya kaçırıldı, ama genç ve akıllı hükümdar Fatih Sultan Mehmet kendisini Latin alfabesiyle Roma İmparatoru olarak gösteren bir madalyon bastırtmayı da ihmal etmedi!

Fatih'ten itibaren Osmanlı şehri imâra başladı, Yavuz Sultan Selim Müslümanlığın en kutsal kalıntılarını buraya getirdi, İslam'ın en büyük yazma kütüphaneleri İstanbul'da oluştu.

Ancak Osmanlı uygarlık trenini kaçırmıştı. Şehir tâ II. Mahmut zamanına kadar bir Ortaçağ mekânı olarak kaldı, insanlığın aklî gelişmesine katılamadı. 1826'da Vak'ayi Hayriye ile başlayan gelişme Atatürk devrinde doruğa ulaştı. Ama 1950'lerden itibaren şehir yeni bir işgale uğradı, cehalet insanlığın bu incisine tekrar egemen oldu.

Geçen gün Fenerbahçe-Panathinaikos maçında bu cahil yığın, kendileri gibi cahil bir Yunanlı fanatik güruha "1453'ten beri İstanbul" yazılı pankart açarken, İstanbul adının Yunanca şehir anlamına gelen polis (bolis, bulis) kelimesinin -i/-e hâli olduğunu, buna karşılık Yunanlıların tercih ettiği Konstantinopolis'e ismini veren imparator Flavius Valerius Constantinus'un (Büyük Konstantin) ise Yunanlılıkla ilgili olmayan aşağı Tunalı bir ailenin çocuğu olduğunu elbet ki bilmiyordu.

Gûya Türk milliyetçiliği gösterisi yaparken Yunanca bir ismi savunduğunun bile farkında olmayan bu zavallı güruh karşısında Türk bakanlar, bu maçta, şehrin evrensel kişiliğine yakışır bir manzara sundular: Roma'nın mirası olan Roma Barışını, Roma'nın başkentinde kendi cahil vatandaşlarının hücumuna uğrayan Yunanlı meslekdaşlarıyla beraber şahıslarında temsil ettiler. Türk ve Yunanlı bakanlara, Roma'nın varisleri arasında olan Türk ve Yunan halktan olduğu kadar, şehrin uygarlık mirasından hâlâ yararlanan tüm insanlık şükran ve hayranlık borçludur.

## *Konstantinopolis Üniversitesi*[XLI]

İstanbul Üniversitesi'nin kuruluş tarihi olarak gösterilen 1453'ün İstanbul Üniversitesi ile ilgisini hiçbir zaman anlayamamışımdır. İstanbul'da Osmanlı eğitimi, fethin hemen akabinde Pentokrator Manastırı'nın (şimdiki Zeyrek Kilise Camii) keşiş odalarının medreseye çevrilmesi ve başına Molla Zeyrek'in atanması, bir de Ayasofya ünvanındaki keşiş odalarında da bir medrese oluşturularak başına Molla Hüsrev'in getirilmesiyle devam etmişti. Zeyrek Kilise Camii'ndeki medrese daha sonra Fatih Medresesi'nin yapılmasıyla Fatih'e nakledildi. Ayasofya Medresesi ise varlığını Cumhuriyet'in ilk yılına kadar korudu.

Pentokrator Manastırı'nın en azından bazı kitaplarının Osmanlıların eline geçtiği bilinmektedir. Fatih Medresesi daha sonra İstanbul'da pek çok başka medresenin kurulmasına neden olmuş, bunlar İmparatorluğun yüksek öğreniminde önemli söz sahibi kurumlar olarak 20. yüzyıla kadar yaşamışlardır.

Medrese'nin Avrupa üniversitelerinin yaşadığı devrimi yaşayamamış olması içten içe çökmesiyle sonuçlanınca İmparatorluk önce âcil ihtiyaç duyduğu teknik öğretim okullarını (1773), daha sonra askeri okulları, tıbbiyeyi ve nihayet 1845'de Darülfünun-u Osmâni'yi açmıştır. Ancak üniversite karşılığı olması ümidiyle açılan bu okul 1862'den önce derslere başlayamadı. Genel ilgisizlik, üniversiteye öğrenci hazırlayacak lise yokluğu, bu ilk

Darülfünunu 1865'te kapattırdı. İkinci teşebbüs 1870'de yapıldıysa da medreseye rakip olan bu kurum devrin "entelektüelleri" arasında antipati yarattı. Devletin resmî tarihçisi Lütfi Efendi okula yapılan yeni binaya kızarken (Ayasofya, Sultanahmet, Köprülüoğlu gibi civarda bulunan medreselerdeki dershaneler ne güne duruyor?) hocalardan Cemâlleddin Efgani'nin sözlerinin yobazlar tarafından "nübüvvet (yani peygamberlik) bir san'attır" şeklinde yorumlanması üzerine 1871'de Darülfünun tekrar kapatıldı ve 1900'e kadar bir daha açılmadı. Bu arada medreseler ise yaşamlarına eskisi gibi devam ettiler. Ancak Cumhuriyet bunları büyük bir kararlılıkla kapattı ve Darülfünun'u da 1933'de üniversiteye dönüştürmeye çalıştı.

Demek ki, medrese ile İstanbul Üniversitesi arasında bırakın kurumsal devamlılığı, bir düşmanlık, bir rekabet bahis konusudur. Ayasofya ve Zeyrek medreselerinin kuruluş tarihi olması gereken 1453 hangi mantıkla en erken 1845'de kurulduğu kabul edilebilecek olan İstanbul Üniversitesi'ne uygulanabilir, belli değildir. Fakat belki şu mantık tutarlı bir şekilde öne sürülebilir. İstanbul şehrinin tüm medreselerini bir üniversitenin parçaları sayıp, medrese-üniversite çekişmesini de bu kurumun iç problemi addedip, yükseköğretimde İstanbul gibi bir dünya şehrinde devamlılık olduğu vurgulanabilir.

Peki o zaman M.S. 5. yüzyılda İmparator II. Theodosius tarafından kurulan Konstantinopolis Üniversitesi ne olacak? Caesar Bardas bu üniversiteyi 9. yüzyılda baştan organize etmiş, 10. yüzyılda Konstantinopolis Üniversitesi hiç kuşkusuz dünyanın en şöhretli üniversitesi olmuştu. Selânikli Leo'nun, Psellus'un, Yohannes Italus'un ve daha sonra Paleologosların meşhur profesörlerinin ders verdiği bu muhteşem kurum dünyanın her yanından öğrenci çekmişti. Batı Avrupa'da Aristo'nun yaygın olarak tekrar öğretilmeye başlanması, burada verilen derslerin ürünü değil miydi? Ya 14. yüzyıldaki hümanizma? O da bu saygıdeğer kurumun hoca ve öğrencilerinin etki ve yardımlarıyla ateşlenmemiş miydi? Buranın matematikçilerinin, astronomlarının, doğa bilimcilerinin Batı Avrupa'da bir Roger Bacon'un yaptıklarından aşağı kalmayan çalışmaları, Jüstinyen zamanından beri faaliyet gösteren Hukuk Fakültesi? Kaç gezgin Konstantinopolis

Üniversitesi'ndeki tartışmaların heyecan ve renkliliğini yazmıştır! Fatih'in fethiyle bu adamlar havaya mı uçtular? Doğru: Chrysoloras gibi pek çoğu daha önce Batı'ya kaçmıştı. Fakat o koca kurum? En düşkün hâlinde, en bitkin şeklinde bile olsa o, medreseyle ne kadar süreklilik arz ediyorsa, medrese de üniversiteyle o kadar süreklilik arzetmiyor mu? Konstantinopolis Üniversitesi'nden medreseye geçiş Bizans kültüründen İslâm kültürüne geçişse, medreseden üniversiteye geçiş de İslâm kültüründen Batı Uygarlığına geçiştir. İstanbul şehrinin en az 2500 yıllık tarihinde hangi yüksek okul Konstantinopolis Üniversitesi'nin kalitesine, şöhretine ve etkisine ulaşabilmiştir? Kendisini medreseyle bir sayıp kuruluşunu 1453 addeden üniversite, gerçek köklerini hatırlasa, o kuruluşu M.S. 5. yüzyıl diye gösterir. Bunun hem mantığı daha anlaşılabilirdir hem de İstanbul'un yeni sahiplerinin Konstantinopolis'in de bilinçli mirasçıları olduğunu vurgular. Fatih fetihten sonra bastırdığı madalyonlarda kendini Roma İmparatoru diye sıfatlandırmamış mıydı? Ama İstanbul Üniversitesi'nin kuruluşunu M.S. 5. yüzyıl, kurucusunu da Roma İmparatoru II. Theodoslus diye göstermek için Fatih'in akıl yüceliğine ve bilgiçliğine gereksinim vardır.

# *NOTLAR*

| | |
|---|---|
| **I** | *Bu makale ilk defa bu eserde yayınlanmaktadır* |
| **II** | *CBT*, 14.07.2001 |
| **III** | *CBT*, 31.08.2002 |
| **IV** | *CBT*, 28.12.2002 |
| **V** | *CBT*, 09.09.2000 |
| **VI** | *Bu makale ilk defa bu eserde yayınlanmaktadır.* |
| **VII** | *CBT*, 03.11.2001 |
| **VIII** | *Bu makale ilk defa bu eserde yayınlanmaktadır.* |
| **IX** | *CBT*, 14.04.2001 |
| **X** | *CBT*, 12.05.2001 |
| **XI** | *CBT*, 02.06.2001 |
| **XII** | *CBT*, 09.06.2001 |
| **XIII** | *CBT*, 29.07.2000 |
| **XIV** | *Bu makale ilk defa bu eserde yayınlanmaktadır.* |
| **XV** | *CBT*, 15.06.2002 |
| **XVI** | *CBT*, 09.11.2002 |
| **XVII** | *CBT*, 27.01.2001 |
| **XVIII** | *CBT*, 09.12.2000 |
| **XIX** | *CBT*, 02.09.2000 |
| **XX** | *CBT*, 22.01.2000 |
| **XXI** | *Bu makale ilk defa bu eserde yayınlanmaktadır.* |
| **XXII** | *Bu makale ilk defa bu eserde yayınlanmaktadır.* |
| **XXIII** | *CBT*, 27.07.2002 |
| **XXIV** | *CBT*, 02.12.2000 |

| | |
|---|---|
| **XXV** | *Bu makale ilk defa bu eserde yayınlanmaktadır.* |
| **XXVI** | *CBT*, 16.11.2002 |
| **XXVII** | *Bu makale ilk defa bu eserde yayınlanmaktadır.* |
| **XXVIII** | *Bu makale ilk defa bu eserde yayınlanmaktadır.* |
| **XXIX** | *Bu makale ilk defa bu eserde yayınlanmaktadır.* |
| **XXX** | *Bu makale ilk defa bu eserde yayınlanmaktadır.* |
| **XXXI** | *CBT*, 28.07.2001 |
| **XXXII** | *CBT*, 18.11.2000 |
| **XXXIII** | *CBT*, 11.03.2000 |
| **XXXIV** | *Bu makale ilk defa bu eserde yayınlanmaktadır.* |
| **XXXV** | *CBT*, 22.06.2002 |
| **XXXVI** | *CBT*, 18.08.2001 |
| **XXXVII** | *Bu makale ilk defa bu eserde yayınlanmaktadır.* |
| **XXXVIII** | *CBT*, 30.12.2002 |
| **XXXIX** | *CBT*, 04.08.2001 |
| **XL** | *CBT*, 23.11.2002 |
| **XLI** | *CBT*, 10.02.2001 |